AF250506

T69
90

DU SANG ET DES NERFS

EN MÉDECINE

d'après les données de la PHYSIOLOGIE EXPÉRIMENTALE

PAR

Paul BOURELY

DOCTEUR EN MÉDECINE.

MONTPELLIER

BOEHM & FILS, IMPRIMEURS DE L'ACADÉMIE DES SCIENCES ET LETTRES
ÉDITEURS DU MONTPELLIER MÉDICAL.
1870

A MON PÈRE & A MA MÈRE.

A MES MAÎTRES.

A Monsieur Charles ROUGET,

Professeur de Physiologie à la Faculté de médecine de Montpellier.

P. BOURELY.

INTRODUCTION

« La méthode expérimentale n'est, en définitive, que la logique appliquée à la coordination des phénomènes de la nature pour en découvrir les lois [1]. » Elle s'occupe de pénétrer les faits tels qu'ils se présentent (observation proprement dite), et les faits provoqués (expérimentation). C'est surtout à partir de Magendie qu'on a demandé à la physiologie expérimentale l'explication des faits pathologiques et thérapeutiques. On ne peut contester les progrès accomplis en ce sens ; des faits jusqu'alors obscurs ont reçu leur vraie signification, d'autres ont été simplifiés, et un horizon nouveau a été ouvert à l'art de guérir par les expérimentateurs modernes. Aussi, dans l'Introduction qu'il a faite à l'ouvrage de Niemeyer, le professeur Béhier caractérise-t-il admirablement la tendance actuelle en disant : « Les découvertes récentes de la physiologie et de l'anatomie, même aidées du microscope, sont d'une application féconde pour interpréter les faits en pathologie et pour dégager les indications véritables de la thérapeutique. »

Dans le courant de mes études j'ai suivi, comme beaucoup d'autres, le mouvement général qui entraîne les esprits vers les voies de l'expérimentation. Aujourd'hui, prêt à franchir le seuil de la carrière, je me suis recueilli, et j'ai cru devoir rassembler sous quelques chapitres les principales considérations que m'ont inspirées ces études spéciales : *le Sang et les Nerfs en médecine, d'après les données de la Physiologie expérimentale,* tel est le sujet de ce travail.

---

[1] Leçons sur les propriétés physiologiques et les altérations pathologiques des différents liquides de l'organisme ; par Claude Bernard, tom. I, pag. 3. Paris, 1859.

Le sang est composé de tous les matériaux utiles à l'organisme, empruntés au monde extérieur et modifiés de telle façon qu'ils doivent pouvoir constituer des tissus : c'est en lui que s'effectue la période ultime de cet échange perpétuel de matières entre le monde organique et le monde inorganique, échange auquel s'applique si bien la parole de Lavoisier : «Rien ne se perd dans la nature, rien ne se crée, tout se transforme».

Les nerfs sont tous construits sur un même type ; la différence de leurs propriétés provient de la structure de leurs extrémités ; les uns (centripètes) portent aux centres nerveux (encéphale, moelle épinière, chaîne des ganglions sympathiques) les sensations venues, soit de l'extérieur, soit de quelque partie du corps ; les autres (centrifuges) transmettent aux muscles (par les plaques terminales de Rouget) les mouvements que leur donnent ces mêmes centres ; aussi ont-ils été divisés en nerfs sensitifs et en nerfs moteurs. Parmi ceux-ci s'en trouve un certain nombre important par les muscles où ils se rendent : ce sont les nerfs des tuniques artérielles et veineuses; présentant toujours sur leur trajet un ganglion, les vaso-moteurs provoquent, suivant le degré d'intensité du courant nerveux, la dilatation ou la contraction des parois musculaires de ces vaisseaux : ils mettent ainsi en jeu les sécrétions, ou donnent lieu le plus souvent aux troubles si divers de la nutrition. D'un côté, la vie animale et la vie végétative sont sous la dépendance des nerfs; de l'autre, par leur mode différent d'action sur le système circulatoire, ils peuvent accroître ou restreindre la quantité de sang dans les parties de l'organisme : ils font varier ainsi l'étendue de l'échange de matières, et celui-ci à son tour influe sur les mouvements des divers organes de l'économie.

Loin de moi la prétention de faire une œuvre complète; mon seul but est d'exposer la nature, le rôle, l'influence réciproque du sang et des nerfs. Puissé-je n'être pas trop au-dessous de ma tâche et de la bienveillance de mes Maîtres!

DU SANG ET DES NERFS

EN MÉDECINE

D'APRÈS LES DONNÉES DE LA PHYSIOLOGIE EXPÉRIMENTALE

PREMIÈRE PARTIE

CHAPITRE PREMIER

DU SANG.

Le sang est le plus important des liquides de l'organisme, absolument nécessaire à l'entretien nutritif et à l'activité fonctionnelle de tous les tissus.

Privez un organe de sang ; un grand changement va s'opérer en lui : bientôt la température s'abaisse, les nerfs qui le pénètrent deviennent insensibles, la fibre musculaire inerte même à l'excitation directe ; les impressions sensitives et le mouvement disparaissent à mesure que s'épuisent les derniers éléments de la nutrition ; en un mot, toute activité fonctionnelle s'éteint ; la mort s'empare de l'organe.

Au contraire, renouvelez l'expérience de Brown-Séquard , en injectant du sang dans l'artère principale d'un membre séparé du corps, alors même que la rigidité cadavérique a commencé : vous voyez renaître pendant quelques instants sa vie et son activité. Sous l'influence d'un courant élec-trique, le mouvement et la sensibilité se manifestent de nouveau, les nerfs réagissent, les muscles se contractent. Mais pourquoi tous ces phénomènes se montrent-ils ? Parce que les tissus ont retrouvé les éléments de leur nutrition.

En classant les liquides de l'organisme en liquides à réaction fixe et à réaction mobile, Claude Bernard a placé le sang dans la première caté-gorie [1]. Personne, en effet, n'ignore aujourd'hui que le sang présente tou-jours la réaction alcaline sur le vivant et dans les conditions physiolo-giques.

Le sang vivant est composé de deux parties : une liquide, le *plasma* , formé de beaucoup d'eau et de matériaux divers ; et une solide, les *glo-bules*. Nous parlerons plus tard des fluides gazeux contenus dans le sang.

§ I. **Globules.**

Dans le sang de l'homme et des mammifères, on trouve trois sortes de globules : les globules rouges, les globules blancs, les globulins.

Examiné chez l'homme, le globule rouge, appelé aussi *hématie* ou glo-bule proprement dit, ressemble à un disque. Si on le voit de face dans le champ du microscope, il est plus épais à la périphérie qu'au centre. En moyenne son diamètre est $0^{mm},007$ et son épaisseur $0^{mm},002$; le volume de l'hématie de l'embryon l'emporte sur celui de l'adulte.

Les globules blancs (leucocytes, globules plasmiques , fibrineux, lym-phatiques) sont bien moins nombreux que les globules rouges ; on en trouve environ 1 sur 400. Les leucocytes existent non seulement dans le sang, mais encore dans des liquides normaux, le chyle et la lymphe, et dans beaucoup de liquides pathologiques ; ainsi Robin en a trouvé un

---

[1] Cl. Bernard, *loc. cit.*, pag. 37 et 411.

grand nombre dans le pus, la sérosité des vesicatoires [1] : il est généralement admis que les globules du pus ne sont que des globules blancs. La forme des leucocytes est sphérique, et leur volume est plus grand que celui des hématies : leur diamètre est en moyenne de $0^{mm},01$.

Les globulins, que J. Müller appelle granules lymphatiques et Kölliker granules élémentaires [2], ont aussi une forme sphérique ; ils sont peu volumineux et en très-petit nombre ; ils proviennent du chyle.

Les globules rouges, par leur nombre, par le rôle qu'ils jouent dans le sang, sont les vrais globules de ce liquide ; les globules blancs n'y sont normalement qu'en petit nombre ; ce n'est que dans certains états pathologiques, comme dans la leukémie ou leucocythémie, que leur nombre peut égaler et même dépasser celui des globules rouges ; on les trouve encore très-nombreux dans les hypertrophies de la rate et des ganglions lymphatiques, qui en sont les organes formateurs. Le rôle des leucocytes n'est pas bien connu ; pour beaucoup d'auteurs cet état n'est que transitoire ; les globules blancs, arrivés dans la rate, deviennent des hématies.

Le globule se compose de divers sels (phosphates, chlorures), de graisses (et surtout de graisses phosphorées), et de l'*hémoglobine* que Funke appelle *hématocristalline* [3]. Cette substance est la plus importante : elle appartient à la classe des substances protéiques ; elle est à la fois albuminoïde et ferrugineuse ; d'après Hope, Lehmann, Lecanu, Teichmann et Rollet, elle contient de 6 à 10 p. 100 d'oxyde de fer. C'est à ce dernier que le sang doit sa coloration rouge.

Le globule est considéré par les adeptes de la théorie cellulaire comme une cellule type ; il se compose d'une membrane d'enveloppe transparente, d'un contenu demi liquide et coloré, d'un noyau.

Il existe des organes dont la fonction est de faire des globules : ces organes formateurs, dits *lymphoïdes*, sont les ganglions lymphatiques, les

---

[1] Sur quelques points de l'anatomie et de la physiologie des leucocytes ou globules blancs du sang ; par Ch. Robin (Journal de la Physiologie de l'homme et des animaux, publié sous la direction de Brown-Séquard), année 1859, pag. 45.

[2] Traité de physiologie ; par Longet, tom. I, pag. 692. Paris, 1861.

[3] G. Sée ; Du Sang et des Anémies, pag. 7. Paris, 1866.

follicules clos, la rate, le thymus, la glande thyroïde ; suivant quelques auteurs, il faudrait leur ajouter le foie. Ces organes présentent ceci de remarquable, c'est que l'ablation de l'un d'eux ne compromet pas la vie, mais s'accompagne de l'hypertrophie des autres : ainsi, si on enlève la rate à un animal, comme l'ont fait Ludwig, Vulpian, Eberhardt, on constate au bout d'un certain temps l'hypertrophie des ganglions lymphatiques du mésentère, comme pour suppléer la rate dans ses fonctions. Ces organes produisent les globules blancs. Jusqu'à aujourd'hui on n'a pu observer la transformation des leucocytes en hématies que dans la rate ; l'identité de structure des autres organes et leur hypertrophie, qui est la conséquence de l'ablation de la rate, peuvent faire supposer qu'ils sont aptes à opérer cette transformation. Deux de ces organes, le foie et la rate, jouiraient encore d'une autre fonction : c'est en eux que se détruiraient les globules rouges. Les pigments du sang se forment dans la rate.

Les globules peuvent se multiplier outre mesure ; cet état constitue la pléthore, qui peut rester compatible avec la santé ; dans d'autres cas au contraire elle est une cause de maladies. La diminution des globules constitue une des formes de l'anémie (aglobulie) sur l'origine et les causes de laquelle nous reviendrons plus loin.

§ II. **Plasma.**

« Le plasma est le fond commun de toutes les réserves nutritives et de tous les débris organiques, quelle que soit leur provenance [1]. » Les nombreux matériaux qui le constituent ont été classés d'après leur nature en quatre séries : 1° d'abord de l'eau (900 sur 1000), des substances minérales, des phosphates et des chlorures, comme dans les globules ; mais avec cette différence que, tandis que dans les hématies les phosphates prédominent, ici ce sont les chlorures ; la soude et la chaux sont les bases principales.

2° Des graisses, de la cholestérine, du sucre, des hydro-carbures et des gaz ;

[1] G. Sée, *loc. cit.*, pag. 2.

3° De la créatine, de la créatinine, de l'urée, de l'acide urique, de l'acide hippurique ;

4° Enfin les matières dites plasmatiques, la caséine, l'albumine et la fibrine.

FIBRINE.

A la suite d'une saignée, on voit le sang recueilli dans la palette se diviser en deux parties : une liquide, le *sérum* ; l'autre solide, le *caillot*. Celui-ci est formé par les globules du sang enfermés dans un treillis de fibrilles, plus épais à sa partie supérieure et qui n'est que la fibrine. Cette portion du caillot est moins colorée que la partie inférieure composée de globules rouges ; le plus souvent même elle est incolore; on l'appelle *couenne*. C'est un phénomène de la coagulation; il ne peut avoir lieu sans la fibrine.

On a émis de nombreuses théories sur l'état liquide de la fibrine dans le sang. Denis (de Commercy) et Alexandre Schmidt, quoique leurs théories soient différentes, arrivent à une même conclusion : ils sont d'accord pour affirmer que la fibrine n'existe pas dans le sang physiologique.

D'après Denis (de Commercy), le plasma contient une substance particulière qu'il nomme *plasmine* ; cette substance se dédouble en deux parties qui toutes deux sont de la fibrine, mais sous deux états différents : l'une peut se coaguler de suite, c'est la fibrine concrète ; l'autre reste liquide et constitue la fibrine dissoute. Or la fibrine, comme le démontre l'expérience, n'est pas toujours apparente : ainsi le sang extrait de la veine rénale se coagule au bout d'un certain temps , et cependant le battage n'y révèle aucune trace de fibrine ; qu'on traite ce sang par le sulfate de magnésie, et l'on obtiendra de la fibrine solide, provenant, selon Denis , de la fibrine dissoute. Suivant la même théorie, ces deux sortes de fibrine se trouvent en proportion différente dans le sang artériel et dans le sang veineux.

Alexandre Schmidt fait intervenir deux substances, dont l'une coagulable, la *fibrinogène* (qui pour Virchow est un produit normal de la métamorphose des tissus), et l'autre coagulante, la *globuline*, qui par leur réaction formeraient la fibrine. La globuline, comme son nom l'indique, provient des globules. Ces deux principes de nature opposée agiraient l'un sur l'autre de façon que durant la vie la globuline serait normalement détruite par l'action des parois vasculaires, sans quoi la coagulation aurait lieu.

D'autres auteurs ont cru que la fibrine était tenue en dissolution dans le sang, par les sels, par l'acide carbonique, par l'ammoniaque.

Cl. Bernard, il est vrai, a empêché la coagulation par de fortes doses de chlorure de sodium ; mais, comme le démontre l'expérience qu'il a faite , la dose de sel qu'il a employée est de beaucoup supérieure à la quantité normale contenue dans le plasma.

Si l'on fait, comme Brücke, passer le sang dans un vase rempli d'acide carbonique à l'abri de l'air, on voit que la coagulation n'est que retardée et qu'elle finit par avoir lieu.

Richardson [1], dans un ouvrage qui a obtenu le prix d'Astley Cooper, soutient que la fibrine est maintenue en dissolution dans le sang par de l'ammoniaque ; voici du reste les conclusious qu'il présente à la fin de son traité : « 1° Dans l'acte de la coagulation, ce qu'il y a de primitif et d'essentiel consiste dans le dégagement d'un principe volatil du sang ; 2° le principe volatil dont le dégagement permet au sang de se coaguler, est l'ammoniaque en combinaisons différentes, peut-être dans les différentes classes d'animaux, mais remplissant le même rôle chez toutes.» Or on ne peut découvrir la présence de ce gaz dans le sang qu'en portant la température de 45° à 50° ; mais un animal meurt si sa température dépasse 45°, et sa température normale varie de 38° à 40° : cette hypothèse n'est donc pas acceptable.

On ne saurait non plus invoquer l'oxygène, dont l'action est connue comme accroissant la rapidité de la coagulation.

Nous ne pouvons passer sous silence une théorie fort ingénieuse, due à deux membres de la Faculté de médecine de Montpellier. Dans une Note qu'ils ont adressée pendant le mois d'octobre 1869 à l'Institut de France, MM. Béchamp et Estor attribuent la formation de la fibrine à l'action des microzymas (germes des bactéries); voici leur conclusion: «Ce qu'on appelle

---

[1] B.-W. Richardson ; *The cause of the coagulation of the blood.* London. 1858.

vulgairement la fibrine du sang n'est pas autre chose qu'une fausse membrane formée par les microzymas (microphytes ferments) aux dépens des substances albuminoïdes du sang. On peut noter en outre, comme résultat de l'observation directe, que presque tous les microzymas sont englobés dans la fibrine ; dans du sang défibriné, on ne rencontre pas de microzymas.»

Les grandes analogies qui existent entre la fibrine et l'albumine ont fait supposer à quelques physiologistes que le sang vivant contient une combinaison de ces deux substances, mais sans fibrine ni albumine proprement dites. L'albumine (d'un œuf) injectée dans le torrent circulatoire est excrétée par les reins et se retrouve dans les urines ; de même, si on injecte du sérum, il y a aussi élimination d'albumine. Si elle était un élément naturel du sang, cela n'aurait pas lieu ; il faut donc admettre avec Claude Bernard que dans le sang ce n'est pas à l'état d'albumine qu'existe la substance qui, hors du sang, constitue pour nous l'albumine. Les membranes séreuses (péritoine, plèvre, etc.) à l'état normal contiennent un liquide albumino-fibrineux ; on peut facilement s'en convaincre : en ouvrant l'abdomen à un lapin où à un chien, et en recueillant le liquide contenu dans le péritoine, on voit cette sérosité se coaguler spontanément. A l'état pathologique au contraire, les liquides qu'on trouve dans les séreuses sont albumineux et ne se coagulent pas spontanément.

« Ce qu'on peut affirmer, c'est que dans le sang la fibrine diffère essentiellement de ce que nous la voyons hors de ce liquide. Hors du sang, elle est solide ; dans le sang, elle est en dissolution. Si la fibrine n'était pas à l'état liquide dans le sang, la vie serait impossible : c'est ce qu'on pouvait déclarer *à priori*, et ce dont on a eu la preuve dans des affections observées depuis peu et décrites sous le nom d'embolies [1]. »

Mais d'où provient la fibrine ?

Plusieurs auteurs ont émis l'opinion que la fibrine est une transformation de l'albumine ; Scherer entre autres la considère comme son premier degré d'oxydation. « Il est probable que si la coagulation n'envahit pas la fibrine

---

[1] Cl. Bernard, *loc. cit.*, pag. 466.

qui circule dans les vaisseaux, c'est que la fibrine est exhalée au fur et à mesure de sa formation, et va se solidifier dans l'organisme[1]. » Tony Moilin n'adopte l'idée de Béclard que pour regarder la fibrine comme le principe alimentaire par excellence. Suivant lui, la fibrine va sans cesse par voie d'endosmose servir à la nutrition des tissus et principalement des muscles. Pour Virchow, dont nous connaissons l'opinion sur l'état de la fibrine dans le sang, la substance fibrinogène provient des tissus ; c'est une des transformations des éléments nutritifs. Brown-Séquard objecte que la raideur cadavérique est produite dans les tissus et surtout dans les muscles par la coagulation de la fibrine épanchée, soit entre les cloisons du sarco-lemme (membrane d'enveloppe formée de tissu conjonctif) et les fibrilles musculaires (substance active), soit entre ces diverses cloisons.

L'examen du sang à la sortie des muscles et des glandes porte un coup décisif à la théorie de Tony Moilin et des autres physiologistes qui attribuent à la fibrine un rôle nutritif ; car le sang qui sort des muscles contient une quantité de fibrine beaucoup plus considérable que celui qui vient des glandes. Or le travail de ces derniers organes est un travail éliminatoire ; il n'existe qu'une différence pour les produits éliminés. En effet, quelques-unes des glandes éliminent simplement des produits tout formés dans le sang ; les autres, à cette aptitude joignent la propriété de former des principes actifs, destinés à quelque acte organico-chimique. Le sang se charge donc dans les muscles d'une certaine quantité de fibrine qu'il perd en traversant les glandes. Du reste, Nasse a fait une expérience très-concluante qui montre la formation de la fibrine dans les muscles : du sang défibriné et fluide, injecté par les artères d'un muscle, ressort noir et coagulable par les veines. D'où la preuve évidente que la fibrine n'est pas un aliment, mais que, comme l'urée, l'acide urique, elle est un des produits, un des résultats des actes moléculaires des tissus ; en un mot, *la fibrine est un résidu de la nutrition.*

---

[1] Béclard ; Traité élémentaire de physiologie humaine, pag. 593. Paris. 1866.

COUENNE.

La couenne, avons-nous dit, est cette portion incolore qui forme la partie supérieure du caillot. Cette concrétion membraneuse et fibrillaire, qui tient emprisonnés les globules, était regardée par beaucoup de médecins comme un signe pathognomonique d'une grande valeur. Mais il est démontré qu'on peut produire, par voie expérimentale, une couenne très-épaisse avec un sang dont les éléments sont entre eux dans le rapport le plus normal.

La température ambiante joue un grand rôle dans la coagulation du sang : si la température s'élève à 40°, le sang se coagule rapidement, et il ne se forme qu'une mince couenne ; mais si elle monte à 45°, et au-delà, la coagulation a lieu plus difficilement, elle est retardée, et la couenne qu'on obtient est très-épaisse ; le même phénomène se produit si la température descend à zéro.

Comme le montre l'expérience de Brücke, le passage du sang normal dans un courant d'acide carbonique ralentit la coagulation ; les globules, par l'effet de leur poids spécifique, tombent au fond du vase, et il se forme une couenne souvent plus épaisse que celle qui provient d'une saignée faite à un individu atteint d'une vive phlegmasie.

Le ralentissement de la coagulation est donc une cause puissante de formation de la couenne, et l'anatomie comparée nous en fournit les exemples les plus frappants : ainsi, chez le cheval (où la coagulation est lente), le caillot de chaque saignée est toujours recouvert d'une couenne très-épaisse ; au contraire, chez l'oiseau (où la coagulation a lieu instantanément), il n'existe pas de couenne.

Nous savons que les globules tombent par leur propre poids au fond du vase et constituent la partie inférieure et colorée du caillot ; mais pour que ce phénomène s'accomplisse, il faut, ou bien que la coagulation du sang normal soit ralentie, ou bien que les globules soient moins nombreux qu'à l'état physiologique. Dans l'anémie, état morbide que caractérise la diminution des hématies, le caillot est très-dense et la couenne très-épaisse ; le sang des pléthoriques au contraire donne un caillot sans couenne ou avec une couenne très-mince. Aussi le praticien doit-il toujours chercher à saisir la cause qui, dans chaque cas donné, préside à la formation de la couenne. La fibrine joue un grand rôle par son augmentation ou sa diminution. Or, il existe dans l'organisme des états morbides spéciaux où, le chiffre des globules restant normal, celui de la fibrine devient très-élevé : ce sont les phlegmasies. Dans les maladies inflammatoires, la saignée donne une couenne très-épaisse, qui ne diffère en rien de celle des anémiques ; on s'explique ainsi comment des médecins, attribuant à la couenne une importance plus grande que celle qu'on doit lui accorder, et négligeant l'étiologie et l'examen des autres symptômes de la maladie, ont pu prendre un état anémique pour un état inflammatoire ; ils ont commis ainsi une erreur de diagnostic des plus graves, et ont basé là-dessus un traitement tout à fait opposé à ce qu'il aurait dû être. Les phlegmasies dans lesquelles on trouve ordinairement la plus grande augmentation de fibrine sont: la pneumonie, le rhumatisme aigu et la pleurésie ; puis viennent la péritonite, la bronchite, l'amygdalite, l'érysipèle, etc. Il ne faudrait pas néanmoins s'imaginer que cette classification est absolue, elle n'est que relative ; l'élévation du chiffre de la fibrine est toujours en rapport avec l'intensité de l'inflammation.

Les phlegmasies ont été distinguées des fièvres en ce que celles-ci ne donnent pas de couenne dans les saignées, et que souvent il existe une diminution de fibrine.

Les médecins qui admettent le rôle nutritif de la fibrine attribuent à une diminution de cette substance cette diathèse hémorrhagique qu'on rencontre chez certains individus, l'hémophilie, qui dans le plus grand nombre des cas est l'apanage de toute une famille et se transmet de génération en génération. Leur sang est fluide; il ne se coagule pas ou se coagule très-difficilement sans former de couenne. Les épistaxis, au lieu d'être sans conséquence, comme cela a lieu ordinairement, présentent de suite une très-grande gravité; les moindres piqûres entraînent d'abondants écoulements de sang; une hémorrhagie qui passerait presque inaperçue chez d'autres, peut chez eux causer la mort.

On a distingué la couenne d'après le nom des deux états morbides opposés dans lesquels elle se montre le plus épaisse : ainsi, on connait la couenne anémique et la couenne inflammatoire. Dans l'une, chiffre des globules normal, augmentation de la fibrine ; dans l'autre, diminution des globules, chiffre normal de la fibrine. Il y a un état intermédiaire, c'est celui qui correspond à une des périodes de la gestation : le cinquième mois de la grossesse nous présente réunies la diminution des globules et l'augmentation de la fibrine.

Avec les notions acquises sur la fibrine, il est facile de se rendre compte de l'accroissement de cette substance par rapport aux éléments du sang dans les phlegmasies, l'anémie et le cinquième mois de la grossesse.

L'expérimentation permet de produire à volonté une inflammation. En coupant les nerfs vaso-moteurs de l'artère d'un organe, on obtient sa dilatation ; la nutrition, et par suite l'activité fonctionnelle de l'organe, sont accrues par l'arrivée du sang en plus grande quantité. Si l'on agit ainsi à l'égard de l'artère d'un muscle, on voit les phénomènes d'endosmose, la prolifération des noyaux s'accomplir avec plus d'intensité qu'à l'état normal : il y a donc formation nouvelle. L'excitation des nerfs donne lieu à une contraction plus énergique, la sensibilité est accrue ou plutôt exagérée ; en même temps les téguments de la partie lésée prennent une coloration plus rouge, en raison de la congestion de leurs capillaires ; avec l'accroissement de nutrition, la température s'élève. On a donc les quatre symptômes caractéristiques de l'inflammation : rougeur, douleur, chaleur, augmentation de volume. Si l'on examine le sang qui revient de ce muscle, on trouve une plus grande quantité des produits d'oxydation, des résidus de nutrition, et par conséquent de la fibrine. On verra se produire les mêmes phénomènes, et on obtiendra les mêmes résultats si on irrite mécaniquement l'organe.

Dans l'anémie, il y a diminution du sang ; mais si ce liquide n'est pas capable de fournir seul à l'acte nutritif, les matériaux en réserve viennent y contribuer de façon que les produits qui en résultent sont dans les proportions normales ; aussi a-t-on la fibrine dans le même rapport absolu qu'à l'état de santé ; eu égard à la diminution des éléments du sang, il paraît plus grand.

3

Dans le cinquième mois de la grossesse, il n'y a rien d'étonnant à ce qu'il y ait augmentation du chiffre de la fibrine ; puisque le sang de la femme sert non seulement à sa nutrition, mais encore à celle du fœtus , les résidus nutritifs seront nécessairement plus abondants que si la femme était seule à se nourrir.

§ III. **Analyse du sang.**

Le sang est normal quand les globules et le plasma sont dans des proportions fixées par l'analyse. Or, pour qu'une analyse soit bien faite , il faut, comme pour toute expérience, bien déterminer d'abord les conditions physiologiques dans lesquelles se trouve le sujet ; c'est ce que, nous croyons, l'on peut reprocher avec juste raison à ceux qui ont fait l'analyse quantitative du sang : ils ont pris des animaux sans s'occuper de leur état de santé ; le plus souvent ils se sont servis d'animaux affaiblis par l'âge et les maladies, condamnés à être abattus. Ensuite ils ne se sont pas assez préoccupés de l'état de digestion ou d'abstinence de l'animal : or on sait que cet état a une grande influence sur la composition du sang, et à ce sujet nous citons cette phrase de Cl. Bernard qui exprime toute notre pensée : « Quand on décapite l'animal subitement , et qu'on recueille le sang qui s'écoule, on voit que cette quantité, pour deux animaux primitivement du même poids, est beaucoup plus considérable chez celui qui était en digestion que chez celui qui était à jeun[1] ». A quoi cela tient-il ? A ce que, durant la digestion , il y a non seulement augmentation des divers matériaux qui constituent le sang, mais surtout accroissement du nombre des globules rouges.

QUANTITÉ DES GLOBULES DU SANG.

Pour savoir en quelle quantité les globules rouges se trouvent dans le sang, l'analyse s'est servie de méthodes très-diverses.

La première méthode, pratiquée par Prévost et Dumas, Andral et Gavarret, est le pesage des globules secs et séparés du plasma.

[1] Cl. Bernard, *loc. cit.*, pag. 419.

La seconde méthode, employée par Schmidt et Lehmann, pèse les globules humides.

Voici les résultats de ces méthodes : en moyenne les globules rouges, tels qu'on les trouve dans le torrent circulatoire, forment à peu près la moitié de la masse du sang. Desséchés, ils n'en forment plus que le quart environ.

Le sang de l'homme en contient plus que celui de la femme. La différence est celle de 141 à 127, chiffres qui représentent en grammes la proportion normale, pour l'un ou l'autre sexe, des globules desséchés de 1000 gram. de sang.

D'autres méthodes ont été mises en usage. Ainsi Hoppe Scheyler calcule le nombre des globules humides par la quantité d'hémoglobine qu'ils renferment. Vierordt compte les globules sous le microscope. Welcker propose, dans son procédé *chromométrique*, de juger de la richesse du sang en globules par la quantité de liquide incolore qu'il faut y ajouter pour faire arriver la teinte à un certain degré dont la valeur a été déterminée directement.

Ces dernières méthodes donnent beaucoup de peine pour arriver à un résultat plus que problématique. Aussi croyons-nous que tant qu'on n'aura pas de procédé d'analyse plus précis , il vaut mieux s'en tenir aux deux premiers (pesage des globules secs et des globules humides) , car leurs résultats concordent autant qu'on peut le désirer ; si l'on tient compte des causes d'erreur qui sont inévitables, on peut les considérer comme se rapprochant le plus possible de la vérité.

MASSE TOTALE DU SANG COMPARÉE A CELLE DU CORPS.

On a cherché à établir un rapport entre le poids du corps et celui du sang ; là aussi, comme dans l'estimation du poids des globules comparé à celui du sang, les données du problème laissent à désirer, et les résultats qu'on a obtenus sont plus ou moins approximatifs.

A des époques différentes, de nombreux expérimentateurs ont fait cette analyse : ils considérèrent comme étant le poids du sang, la différence entre le poids du corps vivant et celui du cadavre. Allen-Moulins, Herbst, Wanner, Haller, firent cette expérience sur les animaux.

Welcker s'est servi de sa méthode chromométrique ; mais la difficulté n'est pas vaincue puisque, suivant son procédé, il faut toujours obtenir le sang avant de le traiter, et qu'ensuite il faut apprécier la teinte de la liqueur sanguine. D'autres auteurs conseillent l'emploi de l'analyse spectrale. Nous pensons que ce procédé ne peut pas donner de grands résultats pour l'analyse quantitative. Ce moyen convient surtout aux recherches de la composition du sang et de ses altérations. « Appliquée à certains cas pathologiques, la spectroscopie du sang fournirait peut-être des données curieuses, par exemple dans l'ictère, dans les affections typhoïques, où le sang prend une coloration noirâtre toute particulière, ou encore dans la mélanémie, cette dyscrasie rare et singulière caractérisée par la présence d'éléments colorés dans le sang.

»Mais c'est en médecine légale que les études spectroscopiques sur le sang ont paru, dès l'origine, devoir trouver leur plus importante application [1]. »

Le rapport de la masse du sang à celle du corps a été déterminé chez des condamnés à mort. Vrisberg, le premier, trouva que le poids du sang était le 6ᵉ du poids du corps ; Lehmann et Weber l'évaluèrent à un 8ᵉ. Ces résultats seront toujours défectueux, car une certaine quantité de sang reste forcément dans les vaisseaux.

§ IV. Gaz du sang ; coloration du sang.

Ce n'est point par oubli que jusqu'ici nous n'avons pas parlé des gaz du sang ; nous attendions naturellement, pour en dire quelques mots, d'avoir à traiter de la coloration du sang, dans laquelle ils jouent un si grand rôle. Ces gaz ont été l'objet de recherches aussi délicates que multiples.

Nous avons vu que la couleur foncière du sang est due à la présence des globules ; mais ce sont les gaz qui lui donnent ses nuances tranchées.

---

[1] Études spectroscopiques sur le sang ; par le Dʳ René Benoît, pag. 92. Montpellier, 1869.

Si l'on considère une artère et une veine, on est étonné de la différence de coloration que présente le sang de ces deux vaisseux : le sang de l'artère est d'un rouge brillant, rutilant; celui de la veine, au contraire, est d'une couleur plus sombre, d'un rouge tombant sur le noir. D'où vient cette différence? Le sang de l'artère est destiné à l'acte de la nutrition, c'est le sang nutritif par excellence; celui de la veine revient des mutations moléculaires des tissus, qui changent la proportion de ces éléments et même lui en ajoutent de nouveaux. Le sang artériel contient de l'oxygène, le sang veineux en contient aussi, mais en moindre quantité; le sang artériel a peu d'acide carbonique, le sang veineux en a beaucoup : toute la différence de coloration du sang consiste dans une variation de proportion de ces gaz.

Mais comment ces deux gaz se trouvent-ils dans le sang? Par l'acte respiratoire, qui n'est qu'un échange de gaz entre le milieu ambiant et le corps, de l'oxygène est absorbé et de l'acide carbonique exhalé. Il est très-facile de montrer l'absorption de l'oxygène par le sang : pour cela, on recueille dans un vase en verre du sang veineux et on l'expose à un courant d'oxygène; ce sang noir ne tarde pas à devenir rutilant : il a absorbé de l'oxygène et exhalé de l'acide carbonique; ce que l'on constate en faisant passer sur de la potasse les gaz dégagés du sang.

Qu'on fasse une expérience inverse : qu'on mette du sang artériel dans un vase rempli d'acide carbonique, le sang va-t-il échanger son oxygène contre de l'acide carbonique? Non; une partie de celui-ci pourra bien être dissoute, mais la quantité d'oxygène que contenait le sang ne sera pas entamée.

L'oxygène est-il libre dans le sang? Cl. Bernard a fait une expérience qui montre le contraire[1] : il s'est basé sur la propriété de l'acide pyrogallique de s'emparer de l'oxygène dans un milieu alcalin et de l'absorber. Il injecta dans le sang présentant par son alcalinité la condition voulue, une solution de cet acide, et la solution fut rendue par les urines sans avoir enlevé au sang son oxygène. Ce gaz n'est donc pas libre dans le sang. De

[1] Cl. Bernard, *loc. cit.*, pag. 336.

diverses expériences il résulte que les globules sanguins le retiennent dans une espèce de combinaison ; mais cette combinaison n'est pas si tenace qu'exposées au vide de la machine pneumatique, les hématies n'abandonnent leur oxygène ; les globules sont, si l'on peut se servir de cette expression, imbibés d'oxygène comme une éponge d'eau, et le plasma contient de ce gaz autant que l'eau salée en peut dissoudre, c'est-à-dire une quantité très-minime. Aussi Liebig appelle-t-il les globules des *porteurs d'oxygène*.

Comment se forme l'acide carbonique dans le sang? On a cru longtemps que, durant le passage du sang dans les capillaires, il était cédé du carbone par les tissus ; que ce carbone se combinait avec l'oxygène absorbé pendant la respiration, et qu'il formait ainsi l'acide carbonique. Mais cette explication très-simple n'est qu'une hypothèse, et il a suffi de quelques expériences pour la renverser.

Qu'on mette du sang artériel dans un flacon bien bouché, à l'abri du contact de l'air, ; au bout d'un certain temps, on sera bien étonné de ne plus lui trouver sa couleur rutilante : il sera devenu noir.

On peut renouveler l'expérience de Cl. Bernard qui consiste à jeter sur une artère deux ligatures assez rapprochées l'une de l'autre ; quelque temps après on ouvrira cette portion de l'artère, le sang sera devenu noir.

Si vous mettez du sérum veineux en contact avec un caillot artériel, celui-ci deviendra noir.

Que se passe-t-il dans toutes ces expériences ? Une action chimique dans le globule, une véritable oxydation : l'oxygène de l'hématie, par suite du nouvel état du milieu ambiant, oxyde le carbone du globule lui-même. Le sang, en traversant les capillaires, fait un échange de gaz, non pas avec les tissus, mais avec ses propres éléments, dont les uns lui sont enlevés, dont d'autres subissent diverses transformations. En un mot, des conditions nouvelles surgissent, la composition du plasma change, et l'oxydation qui s'effectue dans le globule en est la conséquence.

Le changement de coloration du sang est dû aussi à l'action des nerfs vaso-moteurs ; nous montrerons, dans la seconde partie de ce travail, l'influence qu'exercent la section et l'excitation de ces nerfs ; nous dirons alors comment doit être considéré le sang veineux rouge des glandes.

ANALYSE DES GAZ DU SANG.

On a fait de nombreuses analyses des gaz du sang. En se servant de la potasse, on a trouvé que l'acide carbonique variait de 3 à 5 p. %; mais on n'était pas d'accord sur la quantité d'oxygène. L'action chimique qui donne lieu à la formation continue d'acide carbonique dans le sang, a été longtemps un obstacle à une analyse exacte; elle n'a cessé d'être une cause d'erreur inévitable, tant qu'on n'a pas découvert un réactif qui la neutralisât; on avait beau mettre du sang avec de l'hydrogène ou de l'azote, toujours au bout d'un certain temps on trouvait une nouvelle formation d'acide carbonique. Le déplacement par le vide n'empêchait pas non plus cette formation. Il était donc impossible de trouver l'oxygène dans des proportions identiques.

A Cl. Bernard revient l'honneur d'avoir découvert un corps dont l'action sur les globules sanguins, en dégageant l'oxygène, rend impossible la formation d'acide carbonique et donne ainsi à l'analyse toute sa précision [1]. Dans ses recherches sur les effets toxiques de l'oxyde de carbone, le physiologiste du Collége de France nous montre que ce corps, qui rend le sang rutilant comme l'oxygène, met les globules dans l'impossibilité d'accomplir leurs fonctions. Les globules ne peuvent plus être le siége de formation d'acide carbonique; l'oxygène a été remplacé dans sa combinaison par l'oxyde de carbone ; il est libre, et rien n'est plus facile que de déterminer ses proportions. Aussi, dans 100 centimètres cubes de sang veineux, l'acide pyrogallique, dont on connaît l'affinité pour l'oxygène, révèle $8^{cc},42$ d'oxygène, et dans 100 centimètres cubes de sang artérriel, $18^{cc},20$. Par un simple calcul, on voit que dans la traversée des capillaires le sang a perdu $9^{cc},86$ d'oxygène. A quoi ont-ils été employés? A former de l'acide carbonique.

Nous ne parlons pas de l'azote, dont l'action est nulle : c'est un milieu intermédiaire ou modérateur, dont le rôle se borne à retarder la combustion, qui sans lui aurait lieu très-rapidement.

[1] Cl. Bernard, *loc. cit.*, pag. 365.

§ V. **Rapports du sang et des tissus.**

Le sang, on le sait, est l'agent nutritif par excellence; sans lui, la vie ne peut exister et la mort arrive fatalement. On n'a qu'à répéter une expérience de Cl. Bernard [1] : on ouvre à un animal une des veines jugulaires; par cette ouverture on fait pénétrer une sonde dans le cœur droit, ensuite avec une seringue on aspire le sang contenu dans le cœur : l'animal tombe de suite comme foudroyé. Si on aspire lentement, on peut voir se succéder tous les états transitoires entre la vie et la mort. On n'a qu'à lui réinjecter le sang enlevé, pour que l'animal revienne à la vie.

Le sang est donc indispensable. Mais comment accomplit-il sa fonction? Longtemps on a pris trop à la lettre la fameuse parole de Bordeu, à savoir : que le sang était de la chair coulante. On lui a fait jouer un rôle actif : il formait les tissus ; dans son trajet, il donnait à chaque organe les éléments qui lui convenaient, et rien que ces éléments. Cette théorie n'existe plus que de nom ; aujourd'hui les tissus ont le rôle actif et le sang le rôle passif. Pendant le mouvement circulatoire, les tissus puisent dans le sang les matériaux nécessaires à leur nutrition et rejettent dans son sein leurs produits de décomposition. Voici comment a lieu cet acte ultime de la nutrition.

Le plasma, durant le trajet du sang au milieu des capillaires, passe par endosmose dans les tissus : en même temps l'oxygène abandonne les globules et traverse avec le plasma la membrane de tissu conjonctif ; alors a lieu le phénomène de la combustion : les noyaux entrent en activité ; ils prolifèrent, et une partie d'entre eux se détruit ; le travail d'assimilation s'effectue. Une portion du plasma sert à ce travail, qui n'est autre que la nutrition des tissus; une autre est rejetée par exosmose et avec les parties du tissu qui ne peuvent plus servir à produire du mouvement. L'examen microscopique nous révèle comment s'accomplit l'acte nutritif dans la fibrille musculaire, par exemple : on sait que la fibrille est composée de la substance

---

[1] Cl. Bernard. *loc. cit..* pag. 44.

active, de la membrane d'enveloppe ou squelette du tissu conjonctif, et des noyaux avec leur blastème accolés aux parois de cette membrane. A chaque faisceau primitif correspondent deux ou quatre capillaires ; les mailles de ces vaisseaux enlacent les fibres musculaires ; les capillaires sont en contact avec la face externe de la membrane d'enveloppe, mais ne la traversent jamais. Si l'on injecte dans les capillaires des liquides colorés, ils pénètrent, suivant leur densité, par endosmose à travers la membrane d'enveloppe, et les capillaires se remplissent par exosmose du liquide que contient la substance active. Ce phénomène d'endosmose et d'exosmose que l'on observe entre la fibrille musculaire et les capillaires n'est autre que l'acte nutritif qui s'accomplit.

On peut en dire autant des nerfs et des autres organes ; les choses s'y passent de la même manière, car tous les organes sont construits sur le même type, et l'on retrouve toujours en eux ce que nous avons rencontré dans la fibrille musculaire : substance active, squelette de tissu conjonctif formant la membrane d'enveloppe, et noyaux accolés à la face interne de cette membrane.

Le sang est donc un liquide subissant toujours des transformations successives dans son trajet à travers les capillaires : c'est un vrai réceptacle de substances nutritives et de détritus organiques qu'il abandonne sous différentes formes (forme gazeuze par la peau et les poumons, forme liquide par les reins). Aussi l'influence réciproque des tissus sur le sang et du sang sur les tissus apparaît-elle avec la plus grande évidence. Qu'un tissu soit malade, il réagira sur le sang ; il pourra ne plus y puiser ses éléments nutritifs, mais il y versera des matériaux délétères qui pourront altérer ce liquide. Que le sang au contraire soit altéré dans sa composition, ou qu'il contienne des substances toxiques, la nutrition des tissus en souffrira ; ceux-ci prendront des éléments qui ne leur conviendront pas et qui souvent même leur seront nuisibles. On voit déjà à combien de maladies peut donner naissance cette influence réciproque, et l'on peut prévoir les cas dans lesquels on peut attendre de bons résultats de la transfusion du sang.

Il est permis aussi de considérer l'influence réciproque des tissus sur le sang, et du sang sur les tissus, comme un travail d'assimilation et d'expulsion. Que l'équilibre entre ces deux actes vienne à être rompu par une cause quelconque, des troubles divers en résulteront. Citons comme exemple cette maladie qui, par ses ravages dans les temps modernes, a succédé à la peste qui désolait le moyen âge : le choléra présente le phénomène d'expulsion prédominant, tandis que le travail d'assimilation est suspendu, pour ne pas dire anéanti. En effet, dans le canal digestif, la première partie de l'assimilation, l'absorption, ne s'effectue plus : quelle que soit la nature de la substance ingérée, elle n'est plus absorbée ; au contraire, il y a une élimination continue et exagérée de liquide.

§ VI. **Température du sang. Chaleur animale.**

Le sang est un vrai milieu ambiant qui baigne les tissus à l'intérieur, comme l'atmosphère baigne l'organisme à l'extérieur ; sa température propre varie de 38° à 41°. L'état de digestion ou de jeûne exerce une grande influence sur elle. Dans le premier état, elle augmente ; dans le second, elle diminue. L'élévation au-dessus de cette température est moins bien supportée que l'abaissement. Un mammifère meurt lorsque sa température arrive à 45° ; il faut qu'elle descende au-dessous de 25° pour que la mort survienne. Ce qui a lieu chez les mammifères, quand on les soumet à ces expériences, arriverait sûrement à l'homme, s'il se trouvait dans les mêmes conditions.

Le sang, par son rôle dans l'organisme, donne lieu à la production de la chaleur animale. Lavoisier, le premier, étudia cette question ; voici les conclusions sur lesquelles on a bâti sa fameuse théorie : «Je me trouve conduit à deux conséquences également probables et entre lesquelles l'expérience ne m'a pas mis encore en état de prononcer[1]. Il arrive de deux choses l'une, par l'effet de la respiration : ou la portion d'air éminemment respirable (oxygène) contenue dans l'air de l'atmosphère est convertie en acide crayeux aériforme (acide carbonique), en passant par le poumon ; *ou bien il se fait un échange dans ce viscère.* D'une part, l'air éminemment respi-

---

[1] Mémoires de l'Académie des Sciences, 1777, pag. 191.

rable est absorbé, et d'autre part le poumon restitue à la place une partie d'acide crayeux aériforme presque égale en volume. »

Pendant longtemps on a déduit de ces paroles que la combustion se produisait dans le poumon. En vain plusieurs savants, parmi lesquels se trouve Lagrange, objectèrent avec juste raison que le poumon ne pouvait être le foyer de la calorification, à cause de la chaleur que développe la combinaison de l'oxygène et du carbone, chaleur qui détruirait cet organe. Cette théorie régnait en souveraine : on négligeait les paroles de Lavoisier qui se rapportaient *à l'échange dans le poumon*. On avait également oublié ce qu'il disait douze ans plus tard dans un nouveau mémoire : « Aucune expérience ne prononce d'une manière décisive que le gaz acide carbonique qui se dégage pendant l'expiration se soit formé immédiatement dans le poumon ou dans le cours de la circulation, par la combinaison de l'oxygène de l'air avec le carbone du sang [1]. » On s'en tenait aux premières paroles du maître ; le poumon était considéré comme l'unique foyer de la calorification.

Il a fallu que les faits révélés par l'expérimentation vinssent renverser ce brillant échafaudage. On a constaté expérimentalement que le sang, en traversant le poumon, éprouve un abaissement de température et non une élévation, comme cela devrait être si cet organe était le siége de la combustion. Pour arriver à ce résultat, il faut examiner la témpérature du cœur chez un animal vivant, dans sa position normale et sans ouvrir le thorax ; car avant tout il faut éviter toute cause de déperdition de chaleur. On trouve, à l'aide des thermomètres de Walferdin, une différence de un degré au profit du cœur droit : ainsi, le sang contenu dans le cœur gauche possède une température moins élevée que celui contenu dans le cœur droit ; donc le poumon n'est pas le foyer de calorification, puisque « la circulation du sang à travers l'appareil pulmonaire est une cause de refroidissement pour ce liquide [2] ».

La source de la chaleur réside dans cet échange perpétuel de matières

<hr>

[1] Mémoires de l'Académie des sciences, 1789, pag. 583.
[2] Cl. Bernard, *loc. cit.*, pag. 118.

entre le monde organique et le monde inorganique, c'est-à-dire dans l'acte de la nutrition. Cette chaleur n'est pas due à une combustion vive dans un seul organe, mais à une combustion lente et générale qui a lieu dans les différentes parties de l'organisme. « L'élévation de la température ne se produit pas dans le sang, mais dans les tissus au contact desquels ce liquide s'échauffe [1] », car les tissus sont plus chauds que le sang : *les tissus sont donc les foyers de calorification pour l'organisme*. Le corps, étant à une température plus élevée que le milieu atmosphérique ambiant, perd continuellement une partie de sa chaleur, et les membres qui présentent relativement une plus grande étendue de surface que le tronc éprouvent aussi une plus grande déperdition de chaleur que les viscères, qui sont protégés contre le milieu extérieur. Aussi le sang des viscères est-il toujours le plus chaud : celui qui présente le maximum de température est le sang des veines sus-hépatiques ; si l'on tenait à localiser l'origine de la chaleur animale dans un seul foyer, ce serait dans le foie qu'on devrait la placer. Le foie pourrait donc être considéré comme le foyer principal de la calorification, avec plus de vérité que ne l'était le poumon, d'après la théorie dite de Lavoisier.

[1] Cl. Bernard, *loc. cit.*, pag. 150.

CHAPITRE II.

MALADIES DU SANG.

Le sang subit dans son parcours des métamorphoses incessantes, soit au contact des tissus, soit au sein de ses propres éléments. Cela seul nous indique combien de maladies diverses peuvent être occasionnées par les rapports des tissus et du sang. Elles peuvent être rangées en deux grandes catégories, suivant leur origine : la première comprend les altérations causées par l'influence des tissus sur le sang. Dans la seconde se trouvent réunies les altérations propres du sang, que nous divisons en deux grandes classes : 1° les rapports de quantité de ses éléments sont changés ; 2° « les principes normaux peuvent s'être modifiés sous le rapport de leurs qualités et de leurs propriétés physiques [1]. » Les faits pathologiques auxquels donnent lieu ces deux classes d'altérations, sont souvent réunis. Leur cause du reste est toujours une modification quelconque des conditions qui président à la nutrition.

L'analyse quantitative montre les altérations de la première classe. Les lésions de la seconde sont reconnues à l'aide du microscope, de la méthode spectroscopique et des différents réactifs que donne la chimie.

On trouve dans les altérations quantitatives des éléments du sang trois états différents : la leukémie, la pléthore et l'anémie.

[1] G. Andral ; Essai d'Hématologie pathologique, pag. 38. Paris, 1843.

§ I. **Leukémie ou leucocythémie.**

La leukémie ou leucocythémie est caractérisée par une notable diminution des globules rouges et une grande augmentation des globules blancs ; dans la leukémie, ces deux ordres de globules peuvent se trouver en nombre égal, tandis qu'à l'état normal il y a environ un leucocyte pour 400 hématies. L'eau du sang augmente aussi : la fibrine, l'albumine, les différents sels ne varient pas. La diminution considérable du fer s'explique naturellement par la diminution des globules rouges. Enfin l'analyse révèle souvent dans le sang leucocythémique des produits de décomposition des organes lymphoïdes et même du rein.

On constate toujours une hypertrophie de la rate, du foie et des glandes lymphatiques ; ces divers organes peuvent être hypertrophiés ensemble ou séparément ; c'est en raison de cet état des organes lymphoïdes que Virchow appelle la leukémie une *altération dans la formation du tissu sanguin.* Le professeur de Berlin a trouvé plusieurs fois un fait intéressant de physiologie pathologique : c'est la genèse de nouveaux éléments lymphatiques en dehors des glandes; il en a vu sur le cadavre dans le foie et dans le rein. Friedreich en a constaté en outre dans la plèvre, l'estomac, l'intestin grêle et le rectum ; ces mêmes faits ont été observés par Leudet, Bötcher et Bilroth, Rauvier et V. Cornil. Dans cette maladie, les leucocytes présentent cette particularité qu'ils ne peuvent se transformer en globules rouges.

Les principaux symptômes sont le gonflement de la rate avec ou sans douleur, avec ou sans fièvre ; l'engorgement hypertrophique des divers organes glandulaires; plus tard, le teint cachectique, d'une paleur de cire; des sensations d'étouffement et une respiration précipitée ; le plus souvent des hémorrhagies répétées qui accélèrent la terminaison fatale. Toujours il y a épuisement et amaigrissement; enfin la fièvre hectique survient, et la mort la suit de près. Jusqu'ici on ne connaît pas d'exemple de guérison de ce mal inexorable.

§ II. **Pléthore.**

Beaucoup de médecins ne voient dans la pléthore qu'une augmentation de la masse du sang; mais, en l'absence d'un moyen certain de dosage, ce fait manque de démonstration. Pour quelques-uns, la pléthore serait due à une augmentation de la fibrine du sang; mais cette théorie n'est guère admissible, si l'on se rappelle que le caillot du sang des pléthoriques ne présente qu'une couenne excessivement mince, comme une pellicule. Enfin, aux yeux de la plupart des auteurs contemporains, la pléthore est constituée par une augmentation des globules rouges. Les plus grandes probabilités sont en faveur de cette opinion; jusqu'à la preuve du contraire, on doit considérer la pléthore comme une *hyperglobulie*. Le sang qui en provient donne un caillot mollasse, volumineux eu égard au sérum, d'une forte coloration, et une mince couche de couenne. Tout montre une augmentation des globules rouges; car le volume du caillot (qui est toujours formé par les hématies) est exagéré; la coloration du sang est aussi d'une teinte plus intense; la fibrine, au lieu d'être augmentée, comme le voulaient certains auteurs, paraît être diminuée, puisque la couenne n'a presque pas d'épaisseur; mais cette diminution n'est peut-être qu'apparente, vu la grande augmentation des globules rouges, et la fibrine peut, comme les autres éléments du sang, n'avoir pas varié. Certains auteurs admettent aussi une diminution de l'eau du sérum.

Les individus pléthoriques présentent un teint rouge, fortement coloré, une plus grande énergie des battements du cœur, quelquefois des palpitations; les excrétions (urine et sueur) sont plus abondantes, la sensibilité un peu diminuée; pesanteur de tête, bouffées de chaleur, éblouissements, bourdonnements d'oreille: tels sont les principaux symptômes de la pléthore. On peut en trouver de plus graves: congestions, fièvre (ayant les caractères de la fièvre inflammatoire), hémorrhagies survenant à la suite des congestions et procurant une amélioration au moins momentanée.

La pléthore ne se développe guère sans un état de prédisposition particulière. Comme causes déterminantes, on signale: la puberté, le retour d'âge, une alimentation trop réparatrice, une vie sédentaire et sévère.

On peut diminuer et même éteindre cette prédisposition par une nourriture composée de végétaux, de viandes blanches, de boissons peu excitantes, et surtout par un grand exercice. A la pléthore établie, on oppose la saignée générale et les autres moyens déplétifs et évacuants, le régime, etc.

§ III. **Anémie.**

L'anémie est généralement considérée comme étant l'état opposé à la pléthore. Ordinairement on l'attribue à une diminution des globules rouges; mais cet état (l'aglobulie) n'est qu'une des formes de l'anémie. A côté d'elle, on en trouve trois autres : la première due à une diminution de la masse totale du sang ; la seconde à une dilution du plasma avec excès d'eau ; la troisième à l'appauvrissement du sérum en principes albumineux. Il y a donc, d'après G. Sée, quatre types d'anémie [1] : l'anémie globulaire, l'oligaimique, l'hydrémique et l'albumineuse. Aussi peut-on définir l'anémie « un état morbide caractérisé par la diminution de la masse totale du sang ou d'un de ses éléments [2] ».

Si, quelque temps après avoir pratiqué une saignée à un animal, on le tue et qu'on recueille son sang, l'examen de celui-ci montrera le type le plus caractéristique de l'anémie globulaire. On sait avec quelle facilité se renouvelle le sang ; mais on n'ignore pas non plus que ses différents éléments ne se renouvellent point avec la même rapidité. Ainsi, les globules mettent plus de temps à se reproduire que l'eau, l'albumine, etc. ; on ne sera donc pas étonné de trouver les globules rouges en moins grand nombre, tandis que les autres parties du sang auront repris leurs proportions normales. L'anémie globulaire est la plus fréquente de toutes les formes.

Le type de l'oligaimie sera le sang de l'animal examiné aussitôt après la saignée.

---

[1] G. Sée, *loc. cit.*, pag. 37.
[2] Barrot; De l'Anémie, pag. 10. Montpellier, 1863.

Chez un animal qui a subi une abondante saignée, les substances aqueuses se reforment plus vite que les autres matériaux du sang; tel est le type du sang de l'anémie hydrémique. Cette forme existe souvent avec la globulaire.

L'albumine se renouvelle plus lentement que les autres éléments du sang; à la suite de plusieurs hémorrhagies intenses, l'albumine se trouve en quantité très-minime; se reformant difficilement, elle sera bien au-dessous de son chiffre normal, tandis que l'eau et les sels seront vite revenus à leurs proportions. Telle est la composition du sang de l'anémie albumineuse. La désalbuminémie coïncide quelquefois avec l'hydrémie; elle présente les conditions les plus favorables à la formation des hydropisies : le plasma, plus aqueux et plus ténu, subira mieux l'exosmose.

L'anémie, quelle que soit la forme sous laquelle elle se montre, reconnaît le plus souvent pour cause une ou plusieurs des altérations diverses de la nutrition.

Cette fonction, si importante à la vie, consiste dans un échange perpétuel de matières entre le monde organique et le monde inorganique; les fonctions qui préparent les actes nutritifs sont la digestion, la circulation et la respiration, et c'est dans le sang que les échanges moléculaires ont lieu. C'est donc un travail continu d'assimilation de matériaux empruntés au milieu extérieur; ces matières sont principalement des substances hydro-carbonées et azotées; elles subissent des transformations diverses, elles passent par différentes phases avant de devenir assimilables, avant de pouvoir réparer les tissus. Leur assimilation a lieu sous l'influence de l'oxygène. Les tissus, à leur tour, abandonnent les matériaux qui sont devenus impropres à leur nutrition. Le sang, dans son trajet, préside à cet échange continuel de matières entre le milieu intérieur et le milieu extérieur. Par ce simple exposé, on comprend quel trouble la moindre modification peut apporter aux opérations nutritives, et comment l'anémie en est la conséquence inévitable.

Si l'on met un animal dans une cloche remplie d'air atmosphérique et bien fermée, à un moment donné cet animal fera de grands efforts d'inspiration, puis au bout de quelque temps il s'affaissera sur lui-même et ne tardera pas à mourir. A quoi cela est-il dû? Au changement de composition de l'atmosphère ambiante ; les proportions d'oxygène et d'acide carbonique ont changé ; le milieu qui en résulte est impropre à la respiration, et par suite à la nutrition. Si au contraire on place l'animal dans un appareil construit de telle façon que les produits de la combustion soient enlevés par un appel continu d'air nouveau, l'être vivant n'éprouvera aucune gêne dans l'exercice de ses fonctions, et sera en aussi bonne santé après qu'avant l'expérience. Ce qui lui est nuisible, ce sont les produits exhalés qui finissent par empêcher la combustion : l'oxygène n'est plus absorbé en quantité suffisante pour pouvoir fournir à l'acte nutritif.

Ce qui se passe chez l'animal enfermé sous une cloche, arrive chez l'homme dans des circonstances analogues. Dans les grandes villes, le malheureux artisan habite, avec sa famille plus ou moins nombreuse, une chambre petite, à peine suffisante pour lui seul ; l'air s'y renouvelle mal, il devient bien vite insalubre et ne se prête plus qu'imparfaitement aux combustions organiques. De là une source d'anémies ; ces individus sont malingres, chétifs, décolorés, et présentent rapidement tous les symptômes de l'appauvrissement du sang ; ils offrent aux maladies un terrain propice, et ne guérissent jamais parfaitement : leur convalescence est longue ; heureux encore quand elle arrive à bonne fin !

La même chose a lieu pour les agglomérations d'ouvriers dans les ateliers. Entassés les uns sur les autres, ils n'ont pas la ration d'air nécessaire à l'homme, c'est-à-dire environ dix mètres cubes d'air nouveau par heure. A l'insuffisance de l'air s'ajoute sa viciation, soit par les miasmes de l'encombrement, soit par les émanations des substances qui font l'objet de leur travail. L'azote, l'acide carbonique, ne sont qu'un retard à la combustion; d'autres matières dont l'action est toxique viennent y apporter un plus grand obstacle : tel est, par exemple, l'oxyde de carbone, qui chasse l'oxygène des globules du sang et les rend impropres à la nutrition. D'autres fois, il s'agit des hydrogènes arsénié, carboné, des vapeurs de chlore, d'iode, de l'acide sulfhydrique, du phosphore, des acides sulfureux et nitreux, de l'ammoniaque. Toutes ces substances, par leur action délétère compromettent la santé des individus, appauvrissent leur sang et les rendent anémiques.

Enfin, beaucoup d'ouvriers des grandes villes sont privés de l'action de la lumière. Ceux qui travaillent dans les mines sont exposés encore plus que les autres aux altérations du sang; ils ne voient jamais le soleil, et l'atmosphère confinée qu'ils respirent est toujours chargée de substances toxiques. Aussi est-ce chez eux qu'on rencontre, comme un fléau épidémique, les anémies les plus graves.

Pour que la combustion organique, cet acte intime de la nutrition, s'accomplisse, l'oxygène n'est pas seul nécessaire : il faut qu'il trouve un milieu préparé pour le recevoir ; il faut que les éléments du sang soient dans des proportions normales, et pour cela le concours de certaines substances est indispensable. Ainsi les aliments hydro-carbonés seuls sont insuffisants, et il en est de même pour les aliments azotés. On sait, par l'expérience, que l'animal nourri avec un seul genre de ces aliments s'amaigrit et éprouve diverses altérations hématologiques, avec la mort pour conséquence d'un tel régime. Que se passe-t-il ? Quoiqu'il y ait la quantité d'oxygène nécessaire pour la combustion, les tissus, ne trouvant plus dans le sang altéré les matériaux propres à les nourrir, éliminent toujours, mais n'assimilent pas, ou n'assimilent que d'une façon incomplète, en comparaison de la déperdition continuelle qu'ils subissent. La graisse d'abord, puis le sang et les tissus, se détruisent, l'anémie se développe forcément.

En donnant à la fois ces deux genres d'aliments, mais en trop petite quantité, on arrive toujours à un résultat identique : les globules se détruisent, sans pouvoir se former en quantité assez considérable, et l'animal devient anémique.

Avec ces mêmes conditions appliquées chez l'homme, on a l'anémie par alimentation défectueuse ou insuffisante.

Si on lui impose un travail au-dessus de ses forces, on le conduit, par le fait de déperdition excessive, aux anémies par épuisement musculaire et par épuisement nerveux.

On ne doit jamais oublier que dans le sang existe un véritable équilibre entre les déperditions et les assimilations : que cet équilibre vienne à être rompu, et l'on aura les conséquences les plus funestes, parmi lesquelles l'anémie. Ainsi les excrétions et les sécrétions exagérées provoquent toujours un appauvrissement du sang. Qu'on pratique à un animal l'ablation du ganglion cœliaque, et l'on produira une diarrhée persistante et très-abondante : il y aura paralysie et hyperémie des vaisseaux de l'intestin. La transsudation du plasma se fera sans cesse, l'absorption sera nulle ou presque nulle, le sang s'appauvrira, et l'animal deviendra anémique. De même une large brûlure de la peau , indépendamment de l'épuisement nerveux qui l'accompagne, donnera lieu , par une action réflexe, à des accidents analogues en congestionnant l'intestin, et en produisant des évacuations profuses dont la conséquence est encore l'anémie.

La dégénérescence des organes formateurs du sang, qu'elle qu'en soit la cause, détermine aussi l'anémie.

Les lésions traumatiques, la suppuration, les suites de couches, l'établissement de l'âge critique, l'hémophilie, les maladies du sang, enfin tous ces états si divers de l'organisme qui donnent lieu à d'abondantes pertes, sont des causes d'anémie.

Ce n'est pas ici le lieu de décrire les différentes phases et les symptômes de l'anémie, ni de parler de son traitement réparateur et des préparations toxiques et ferrugineuses qui en sont la base ; nous croyons que dans des cas d'anémie très-avancée, la transfusion du sang peut rendre de grand services : cette opération, après avoir fait beaucoup de bruit au xviie siècle, avait été abandonnée, mais elle vient d'être reprise et perfectionnée par les expérimentateurs modernes.

Nous ne pouvons, après avoir étudié l'étiologie de l'anémie, laisser de côté la chlorose. Beaucoup d'auteurs en ont fait deux maladies distinctes, et certains, à cause de la fréquence de la chlorose chez la femme, la regardaient comme l'apanage du sexe faible ; d'autres l'ont identifiée à l'anémie et ne la considèrent que comme une de ses formes. En effet la chlorose, une fois établie, présente les mêmes lésions que celles qu'on observe dans l'anémie ; l'aglobulie en est son caractère constant ; aussi la chlorose a-t-elle été rangée dans les anémies globulaires.

Mais ces deux états morbides offrent de grandes différences au point de vue étiologique. On peut toujours remonter à l'origine de l'anémie et déterminer ses causes: il n'en est pas de même de la chlorose : elle se développe le plus souvent chez des personnes placées dans les meilleures conditions hygiéniques ; on l'observe aussi fréquemment chez les riches que chez les pauvres. «Si l'anémie a le plus souvent des causes tangibles, c'est le contraire pour la chlorose : l'une résulte de déperditions, ou de déficit alimentaire, ou d'insuffisance atmosphérique ; l'autre prend sa source dans la constitution de l'individu. C'est en réalité, comme le dit Grisolle, une anémie, mais une anémie spéciale, qui me paraît résulter de l'activité excessive des fonctions de développement, c'est-à-dire de l'accroissement exagéré, ou de l'ovulation, ou de la gestation. C'est aussi l'opinion de Monneret.

« Chaque fois qu'il y a disproportion entre les forces de *développement* et les moyens réparateurs, la chlorose peut en être la conséquence ; celle-ci ne dépend donc pas exclusivement des fonctions de puberté : il existe en effet une chlorose de l'enfance, de l'âge de puberté, de l'âge adulte, et une chlorose puerpérale [1]. »

§ IV. Embolie.

L'embolie, c'est-à-dire l'existence de caillots sanguins qui se forment spontanément dans les artères et dans les veines, constitue une question importante, mais encore pleine de controverses malgré les nombreux travaux des auteurs qui s'en sont occupés depuis vingt ans.

Le ralentissement de la circulation du sang est une cause puissante de sa coagulation. Aussi depuis longtemps avait-on mis en usage la compression dans le traitement des anévrysmes, pour amener la formation d'un caillot dans la poche et par suite l'obturation de celle-ci. La présence des corps étrangers dans le torrent circulatoire est une autre cause d'*emboles* (caillots sanguins), que Velpeau a été un des premiers à pressentir. Il avait vu sur des chiens, que des épingles piquées et laissées à demeure dans des artères avaient été le noyau d'un caillot qui finissait par obstruer ces vaisseaux ; de là, son système de l'acupuncture appliquée au traitement des anévrysmes.

[1] G. Sée, *loc. cit.*, pag. 74.

Mais cette donnée était restée stérile en fait de physiologie pathologique, jusqu'au jour où Virchow, s'emparant de ce sujet, vint créer de toutes pièces la théorie de l'embolie qui, fréquemment cotoyée par des hommes éminents, était cependant restée inaperçue.

Partant de l'idée que l'injection d'un corps étranger donne lieu à la coagulation du sang, le physiologiste allemand se livra à des expériences nombreuses et fut assez heureux pour arriver à un résultat tout à fait affirmatif; les substances qu'il employa sont très-diverses : les unes inorganiques, le sureau, le liége, le caoutchouc, la cire, etc.; les autres organiques, des morceaux de fibrine, de tendon, de muscle, etc. Il obtint ainsi la formation d'emboles dans les veines ou dans les artères. C'est qu'en effet *la fibrine se dépose peu à peu sur ces corps comme l'acide urique autour d'un corps introduit dans la vessie.* Les désordres, ou plutôt les lésions qui en étaient la conséquence, variaient suivant le lieu où s'était arrêté le caillot migrateur, le bloc erratique, comme l'appelle Gubler.

Ainsi le caillot qui s'est formé autour de la substance injectée dans la veine jugulaire peut, après avoir traversé le cœur droit, s'arrêter dans l'artère pulmonaire ou une de ses divisions. La mort subite ou une pneumonie en sont les conséquences; il se passe alors un phénomène analogue à celui de l'introduction de l'air atmosphérique dans les veines. Pénétrant par l'ouverture de la veine jugulaire, par exemple, l'air atmosphérique traverse le cœur et est lancé avec le sang dans l'artère pulmonaire, qui le conduit dans les réseaux capillaires du poumon. Là, les bulles gazeuses agissent comme de véritables emboles, empêchant la circulation et l'hématose.

Si l'embole s'arrête dans un des vaisseaux principaux d'un membre, il donne lieu à la production des mêmes phénomènes que la ligature du vaisseau. Si c'est dans une artère, il en résulte une anémie locale, la paralysie et la mortification de l'extrémité du membre. Si c'est dans une veine, on voit survenir une hyperémie, puis une inflammation intense, la suppuration et la gangrène des tissus. Si l'embole vient à se fixer aux parois d'un des vaisseaux des centres nerveux, les mêmes phénomènes entraînent le ramollissement des organes de l'innervation. Un des résultats les plus

curieux que l'on observe à la suite des emboles est celui qui est dû à l'obstruction de l'artère carotide : il y a alors, comme à la suite de la ligature
de cette artère importante, anémie de la moitié correspondantee du cerveau,
et hémiplégie du côté opposé du corps. Dans des cas aussi heureux que
rares, on voit les phénomènes morbides disparaître par la résorption de
l'embole.

Parmi les causes de l'embolie, il faut signaler l'inflammation des artères
et des veines (caillots sanguins, thrombus), leur ossification (plaques cal-
caires, athéromateuses, phlébolithes), des parcelles de végétations cardia-
ques, les hydatides, l'introduction de l'air atmosphérique, les traumatismes,
l'état puerpéral, les fièvres graves, les maladies aiguës, en un mot tous les
états morbides qui sont suivis d'une longue convalescence, les altérations
et les tumeurs des tissus.

Les emboles se distinguent, par des caractères tranchés, des caillots qui
se forment à l'agonie ou après la mort. Dans la formation de tout caillot,
les mailles de la fibrine, en se resserrant, donnent lieu à une rétraction qui
a pour effet l'expulsion du sérum qui avait pu être emprisonné dans le
feutrage fibrineux. C'est un phénomène commun aux emboles et aux
caillots de l'agonie. Ceux-ci (caillots *post mortem*) ont le même aspect et
la même structure que les caillots obtenus par la saignée; ils sont toujours
constitués par une masse homogène, tandis que les emboles sont formés
par des dépôts successifs. L'embole présente au centre une cavité qu'on ne
rencontre jamais dans les caillots *post mortem*. «La fibrine[1], qui constitue
le squelette de ces stratifications successives (de l'embole), se rétracte à
des heures distinctes par des efforts indépendants; aussi les hématies et les
leucocytes, repoussés vers les surfaces, s'arrêtent-ils entre les couches, où
ils se trouvent à l'abri de toute pression, et en s'y accumulant sous forme
de substance molle, demi-liquide, ils séparent et dessinent de plus en plus
les éléments du coagulum. Rétractées les premières, baignées les premières
par la sanie d'aspect purulent que représentent bientôt les globules éliminés

---

[1] D. Dertin, Étude critique de l'embolie dans les vaisseaux veineux et artériels. pag. 90.
Montpellier, 1869.

avec un reste de sérum, les parties centrales se désagrégent d'autant plus vite, et pour cette même cause donnent d'autant plus facilement accès aux éliminations des dépôts périphériques. » C'est ainsi que se forme cette cavité centrale de l'embole.

Les caillots de l'agonie, formés en masses homogènes et simultanées, ont toujours et en tous leurs points la même coloration uniforme que tout le monde connaît; les emboles au contraire présentent des différences de coloration suivant l'âge des stratifications de fibrine dont elles proviennent; on conçoit facilement comment leur couleur passe du rouge brique au violacé, puis à l'ardoisé, ensuite au rosé, enfin au jaune blanchâtre, et tout à fait en dernier lieu au blanc, si l'on songe à l'altération et à la destruction des globules qui contiennent la matière colorante. Ainsi la diversité des nuances permet de remonter à l'époque du développement de chaque couche embolique, et d'en préciser l'âge.

Les jeunes emboles ont la forme sphérique ; les anciennes présentent des bosselures, des enfoncements. Dans certains cas on trouve le caillot embolique configuré comme un cône court, ovoïde, et engagé par sa grosse ou sa petite extrémité ; dans d'autres cas, c'est un cordon d'un diamètre inférieur à celui du vaisseau, et qui a été replié une ou plusieurs fois sur lui-même à la suite des obstacles qu'il a rencontrés dans son trajet.

Comme dernière partie de l'étude des emboles, nous voulons dire quelques mots du mécanisme de la mort par embolie pulmonaire. Un grand nombre de morts subites sont expliquées par l'arrêt de caillots migrateurs dans cette artère. qui porte le sang noir au poumon. Suivant que l'obstruction est complète ou incomplète, la mort a lieu de deux manières : dans le premier cas, elle arrive instantanément par *syncope,* par l'*arrêt soudain* des mouvements du cœur; dans le second, avec une rapidité relativement moins grande, par *asphyxie,* par la *cessation progressive de l'hématose.*

«La différence des phénomènes du dernier moment, dans l'un et l'autre cas, se rattache au mécanisme différent avec lequel agit le caillot obturateur, dans le mode d'interception du passage cardio-pulmonaire.

» Ces deux ordres de symptômes ultimes correspondent ou peuvent être comparés aux phénomènes bien différents qui accompagnent la fermeture des voies aériennes, suivant que cette fermeture est *brusque* ou *graduée*. Or, on sait que lorsqu'on a adapté à la trachée d'un animal une canule munie d'un robinet, si l'on ferme brusquement le robinet de manière à intercepter totalement le passage de l'air atmosphérique, l'animal est aussitôt frappé d'une sidération nerveuse et d'une syncope fatale ; la mort est instantanée et sans mouvements réactifs, sans agitation convulsive. Mais si la clef du robinet est tournée lentement, de façon à n'opérer que d'une manière graduelle l'interception du passage aérien, c'est l'asphyxie qui se produit avec ses angoisses et ses mouvements convulsifs. On peut à son gré ralentir les allures de cette asphyxie mécanique, suivant la ration d'air respiratoire qu'on laisse plus ou moins libre[1].»

§ V. Transfusion du sang.

De tout temps on a vanté le sang comme agent curatif : durant l'antiquité et le moyen-âge, c'était un remède souverain contre certaines maladies. « Voyez les Romains accourant auprès d'un gladiateur expirant, pour boire son sang tout fumant ! C'est que le sang des gladiateurs était censé le spécifique de l'épilepsie. Ainsi le dit Celse, ce Cicéron de la médecine (lib. III, cap. 11, sect. x): *Quidem jugulasti gladiatoris calido sanguine poto, tali morbo se liberarunt.* Et l'éléphantiasis, selon Pline (lib. XXVI, cap. 5), ne se guérissait, chez les Romains, que par des bains mélangés du sang des hommes.

» La croyance à la vertu médicinale reparaît au siècle de Louis XI. Les vieillards en buvaient pour se rajeunir ; et il paraîtrait que pour corriger un sang vieux et infirme, le roi lui-même buvait celui d'un enfant, et réalisait ainsi la fable des vampires[2]. »

Mais le xvie siècle arriva, et avec lui ce mouvement scientifique qui l'a

---

[1] Jacquemet; Sur le Mécanisme de la mort dans les cas d'embolie pulmonaire. Congrès. médical de Lyon, 1865, tom. II, pag. 47.

[2] Risueno d'Amador; De la vie du sang au point de vue des croyances populaires, pag. 26. Montpellier.

rendu célèbre. Le sang ne fut plus pris en bains, ni en boissons ; un procédé nouveau fut employé : on crut pouvoir remplacer un sang infirme par un sang sain ; on s'imaginait ainsi rendre la jeunesse aux vieillards et combattre toute sorte de maladies. La transfusion du sang fit alors sa première apparition. Loin de nous la pensée de faire remonter l'origine de cette opération aux temps anciens, comme s'y sont crus autorisés certains auteurs en recueillant quelques lignes éparses çà et là dans les différents ouvrages de l'antiquité et en fouillant même les légendes mythologiques. Ce n'est qu'après la découverte de la circulation par Harvey, qu'on put connaître la transfusion du sang.

Le premier qui pratiqua cette opération sur l'homme fut J.-B. Denis, médecin de l'École de Montpellier, qui réussit sur plusieurs malades *en leur injectant, soit du sang de veau, soit du sang d'agneau.* Pendant quelque temps, la transfusion du sang eut une grande vogue ; elle devint la panacée universelle qui devait guérir tous les maux. Enfin l'abus fut si grand, les conséquences si désastreuses, que cette opération fut prohibée par un arrêt de la cour du Châtelet de Paris, et que le Vatican eût frappé de ses foudres le téméraire qui aurait osé enfreindre ses ordres.

Pendant plus de cent ans cette grande opération resta dans l'oubli. Il a fallu que l'esprit de recherche qui a marqué la fin du xviiie siècle vînt lui donner une vie nouvelle. Les physiologistes de notre époque ont remis en honneur la transfusion du sang ; aujourd'hui, par leurs travaux, elle est définitivement du domaine de la médecine pratique.

Les résultats qu'on croyait obtenir de la transfusion ont varié avec le rôle qu'on faisait jouer au sang. Ainsi les premiers opérateurs se figuraient qu'ils pouvaient changer le sang doué de propriétés insuffisantes et le renouveler ; de là, le grand abus qu'ils ont fait de la transfusion. « Cette opération reposait sur une idée fausse : on pensait que le point de départ des phénomènes de nutrition était dans le sang, que ce liquide s'organisait en quelque sorte. Or, ce qui vieillit dans l'organisme, ce n'est pas le sang, ce sont les organes. Sans cesse le sang se renouvelle ; il est constamment jeune, et s'il n'a pas toujours les mêmes qualités, cela tient avant tout aux conditions dans lesquelles il se forme, à l'état d'intégrité des appareils qui

directement ou indirectement président à son élaboration. On ne saurait
pas plus rajeunir ces organes par le contact d'un sang jeune. qu'on ne ra-
jeunirait un vieillard en le soumettant au régime alimentaire d'un enfant..... Les tissus trouvent dans le sang les matériaux de leur nutrition ,
mais il faut qu'ils sachent l'y puiser ; c'est à eux qu'appartient le rôle
actif : le sang est entièrement passif , il abandonne ce qu'on lui prend ;
mais encore faut-il des organes qui le lui prennent [1]. » Aussi aujourd'hui,
si l'on jette un regard en arrière , on trouve bien restreint le cadre des
états morbides dans lesquels la transfusion est pratiquée : on ne l'emploie
plus que dans l'appauvrissement ou la diminution du sang , dans les anémies graves ou à la suite d'hémorrhagies abondantes, soit traumatiques ,
soit puerpérales.

La transfusion consiste dans le transport, dans les vaisseaux d'un être
vivant, du sang extrait des vaisseaux d'un autre être. Dans cette opération,
l'ouverture des veines est toujours préférée à celle des artères, à cause des
dangers qui accompagnent l'artériotomie ; inutile de dire qu'on choisit les
veines superficielles des membres.

La transfusion est pratiquée de deux manières : « elle est *immédiate*,
quand le sang passe directement d'un vaisseau dans un autre, sans se trouver en contact avec l'air extérieur ; elle est *médiate*, quand le sang qui
doit être injecté est obligé de rester un certain temps hors des vaisseaux
dont il est extrait, et qu'il se trouve en contact direct avec l'air extérieur[2]».

Les difficultés du premier procédé sont indiquées par son énoncé. A sa
sortie de la veine, le sang ne possède pas une vitesse acquise assez grande
pour pénétrer profondément dans la veine du malade ; aussi de nombreux
appareils ont-ils été construits pour remédier à cet inconvénient.

Voici le mécanisme de l'appareil que le professeur Rouget montrait dans
ses leçons du semestre 1865-1866. Cet appareil se compose d'une poire
en caoutchouc (qui sert de réservoir) communiquant avec deux tubes ;
ceux-ci, près de leur entrée dans la poire, ont chacun une valvule dont le

---

1 Cl. Bernard, *loc. cit.*, pag. 45.
2 Ch. Marmonier ; De la transfusion du sang, pag. 11. Montpellier, 1869

jeu est différent : l'une (celle du tube qui reçoit de la veine le sang à in
jecter) s'abaisse pour laisser pénétrer le liquide dans le réservoir, et reste
relevée pour s'opposer à son issue ; l'autre au contraire ne cesse d'être un
obstacle au passage du liquide que quand on presse la poire. Cet appareil
présente la plus grande analogie avec le système circulatoire des animaux
inférieurs, qui ont un cœur à une seule cavité.

Les divers appareils ont été construits d'après ce type : tels sont ceux de
Mathieu, d'Oré, d'Aveling, de Moncocq, de Roussel, de L. de Belina, etc.
Mentionnons seulement l'appareil du professeur Gesellius Münx (de Saint-
Pétersbourg); il ne diffère des autres que parce qu'à l'un de ses tubes est
adaptée une ventouse scarifiante qui recueille le sang des capillaires [1].

La nécessité et la difficulté d'avoir un appareil spécial font généralement
rejeter la transfusion immédiate. On préfère le second procédé, c'est-à-dire
la transfusion médiate, où l'on n'a besoin que d'une seringue à injection.

Ici se présente une grave question qui divise les physiologistes en deux
camps, savoir : si le sang doit être défibriné ou non avant d'être injecté.
Quelques-uns de ceux qui veulent le transfuser tel qu'il sort de la veine,
conseillent de lui ajouter des sels de soude ou de potasse, pour faire disparaître sa coagulabilité. Le plus grand nombre, et à leur tête les savants
allemands, qui ont fait faire de si grands progrès à la méthode expérimentale, préfèrent la défibrination.

On procède à l'opération de la manière suivante : après avoir pratiqué
une saignée à un individu sain, on défibrine le sang obtenu avec un petit
balai d'osier ; la fibrine, comme on le sait, s'attache à ses branches ; puis
on filtre le sang défibriné et on l'injecte dans la veine du malade. Pendant
toute la durée de l'opération, on a le soin de maintenir le sang à sa température normale, en plaçant dans un bain-marie de 38° à 40° les vases qui
le contiennent et les instruments qui doivent servir à l'injection.

Nous avons assisté, dans le courant de nos études (fin de l'année 1865),
à une transfusion que le professeur Rouget pratiqua dans son laboratoire ;
il avait choisi deux chiens griffons mâle et femelle, à peu près de même

---

[1] Gazette hebdomadaire de médecine et de chirurgie, pag. 45. 1869.

taille : il injecta dans les veines de l'un du sang défibriné de l'autre ; l'opération réussit parfaitement, et les résultats obtenus furent tels que quelques mois plus tard il put établir à chacun d'eux une fistule gastrique.

Examinons maintenant quelles conditions plaident la cause de la défibrination : 1° la fibrine est un résidu de nutrition et non un aliment, elle est donc tout à fait inutile ; 2° la coagulation s'effectue rapidement hors des vaisseaux, un noyau d'embole peut être injecté ; on connaît leur genèse et leurs terribles conséquences. La fibrine peut donc devenir nuisible. On nous objectera qu'en opérant avec célérité on évite la coagulation. Mais, pour si promptement que l'on agisse, il y a toujours des pertes de temps qu'on ne peut éviter ; la menace de l'embolie existe toujours. Du reste, beaucoup des partisans de la non-défibrination ne nous donnent-ils pas raison en proposant de mêler au sang des substances capables de neutraliser cette tendance ? Et puis, à quoi bon injecter la fibrine, *cet élément inutile et souvent nuisible ?*

Mais, du sérum et des globules, quelle est la partie réellement utile ? « L'injection du plasma sans les globules ne produit que des effets funestes (Bischof) ; la transfusion des globules sans la fibrine produit souvent une véritable résurrection (Cl. Bernard, Brown-Séquard)[1]. » *Les globules sont donc indispensables.*

On s'est ensuite demandé si on pouvait transfuser non-seulement impunément, mais surtout utilement, le sang d'un animal dans les veines d'un animal d'une autre espèce. « Des expériences de Magendie dans lesquelles la transfusion avait été tentée sans succès entre des animaux de classes différentes, de mammifère à oisseau, semblaient devoir faire juger là question négativement.

» Dernièrement, des expériences plus heureuses de Brown-Séquard ont montré que l'insuccès des tentatives de Magendie tenait à des conditions indépendantes de l'opération elle-même. *On peut donc revivifier les tissus d'un animal avec du sang emprunté à des animaux d'espèces différentes[2].* »

1 G. Sée, *loc. cit.*, pag. 3.
2 Cl. Bernard, *loc. cit.*, pag. 470.

Ainsi Brown-Séquard a injecté du sang de chien, de lapin, de cochon d'Inde dans les veines d'oiseaux, et toujours il y a retrouvé les disques circulaires de sang de mammifère. Même un mois après la transfusion , chez un coq et une poule, il a trouvé quelques globules du sang de mammifère [1].

Il est évident que, malgré le résultat de ces expériences, nous ne venons pas conseiller d'injecter du sang d'oiseau dans les veines d'un homme ; nous pensons toutefois qu'à défaut de sang humain, il serait utile de transfuser du sang défibriné de mammifère. Dans tous les cas, qu'il fasse usage du sang d'homme ou de celui d'un mammifère quelconque, le praticien doit s'entourer de toutes les précautions que prend le physiologiste pour la réussite de ses expériences. Il choisira avec le plus grand soin l'individu ou le mammifère qui doit fournir le sang ; ce sang, filtré et défibriné, doit être maintenu à la température normale du corps, ainsi que les instruments dont il aura à se servir pour l'injection, et qui seront très-propres et sans aucune rugosité.

Enfin, nous terminerons en citant une des observations que L. de Belina présentait en octobre 1869 à l'Académie des sciences de Paris. Mieux que tout raisonnement, cette courte observation montre combien de succès la transfusion du sang promet à l'homme de l'art qui sait mettre à profit les données de la physiologie expérimentale. « Cette année même (avril 1869), à Calsruhe, dit L. de Belina. une dame russe, la baronne V..., à la suite d'un choc de chemin de fer, était accouchée prématurément d'un enfant asphyxié par la constriction du cordon. Après avoir infusé 30 grammes de sang défibriné du placenta de la mère dans la veine ombilicale, je produisis une revivification subite et durable de l'enfant. » Ce fait porte avec lui le plus précieux enseignement.

[1] Brown-Séquard ; Note sur les modifications que subissent les globules circulaires du sang de mammifère injecté dans le système circulatoire des oiseaux, et sur les altérations des globules ovales du sang d'oiseau injecté dans le système circulatoire des mammifères. Journal de la physiologie, etc., pag. 173. 1859.

DEUXIÈME PARTIE

CHAPITRE PREMIER

DES NERFS.

Nous venons de parcourir la physiologie et la pathologie du sang, de rappeler les actions réciproques des éléments de ce liquide et des tissus, et de signaler quelques-unes des applications pratiques dont les recherches expérimentales ont enrichi l'art de guérir, soit en nous faisant mieux connaître les phénomènes intimes des altérations hématologiques, soit en nous inspirant une thérapeutique plus efficace contre les troubles nutritifs et leurs principales conséquences. Nous allons maintenant aborder un autre ordre de notions dont l'importance physiologique et médicale se recommande d'elle-même, puisqu'il s'agit des fonctions du système nerveux. L'expérimentation moderne, qui s'est tant occupée des problèmes de l'innervation, fournit en effet à la médecine des données nombreuses et qui ne le cèdent point en intérêt à celles qui se rapportent à la fonction nutritive.

Si la nutrition n'est en définitive qu'un échange de matières, on peut dire que la fonction nerveuse se résume en un échange de phénomènes sensitivo-moteurs.

Ces deux grands actes de l'économie animale sont unis l'un à l'autre par la plus étroite solidarité. La nutrition des organes moteurs n'est jamais plus intense que pendant leur travail actif. On sait que la contraction d'un muscle peut être produite par un choc direct ; mais le plus souvent elle est déterminée par l'excitation que lui transmet son nerf moteur , à la suite d'une impression sensitive qui s'est transformée dans les centres nerveux.

Ces excitations sont-elles toujours les mêmes ? Non certainement , elles varient d'intensité suivant l'augmentation ou la diminution de la quantité du sang dans les centres et dans les cordons nerveux. L'afflux ou l'absence de ce liquide nourricier dépendent de la dilatation ou de la contraction des parois musculaires des vaisseaux : l'excitation ou la paralysie des nerfs vaso-moteurs amènent ces deux états opposés. Ainsi, les nerfs et le sang s'influencent réciproquement.

§ I. **Structure des nerfs. Un seul système nerveux.**

Le système nerveux est un intermédiaire entre le milieu exterieur et le milieu organique : c'est lui qui reçoit les excitations du dehors et les transmet, après les avoir transformées, aux diverses parties de l'organisme. Son mode d'action indique les parties qui le constituent : une partie périphérique recevant la sensation ; un cordon conducteur , le nerf sensitif ; une partie centrale, le centre nerveux, où s'effectue la transformation de la sensation en mouvement ; de ce centre part un nouveau cordon conducteur, le nerf moteur ; celui-ci aboutit toujours à la *plaque terminale* , qui, elle, est toujours en rapport avec la substance active de l'organe qui doit exécuter le mouvement. Il résulte de ce que nous venons de dire que le système nerveux est composé de centres , de nerfs *centripètes* (sensitifs) , de nerfs *centrifuges* (moteurs), et d'extrémités terminales : ces dernières parties ont une grande importance, et leur structure varie beaucoup suivant les impressions qu'elles sont destinées à percevoir ou à transmettre.

Le nerf , tel qu'il se présente à la vue , est un cordon plus ou moins épais, de couleur blanche ; comme tous les organes, il est composé d'une enveloppe de tissu conjonctif, de noyaux et de substance active. La première chose que revèle la dissection d'un cordon nerveux est la membrane d'enveloppe, véritable squelette de tissu conjonctif, identique à celui des muscles; le *nevrilème* envoie dans l'intérieur du nerf des cloisons qui forment des faisceaux secondaires, comme les divisions du sarcolemme dans le muscle ; à leur tour, ces faisceaux donnent naissance à des compartiments plus délicats dans lesquels est enfermé l'élément nerveux, appelé aussi *fibre nerveuse, tube nerveux* : cette dernière division constitue le *périnèvre*, nommé aussi *gaîne de Schwann*; à la face interne de ses parois sont accolés des noyaux, tandis que, comme au muscle, les vaisseaux capillaires s'arrêtent à la face externe. Dans l'intérieur du périnèvre se trouvent une couche corticale ou moelle, et le *cylinder axis*, qui est la partie importante, la substance active du nerf. Tous les nerfs ne sont pas également riches en moelle : les nerfs du grand sympathique en sont tout à fait dépourvus : ils se composent de la gaîne de Schwann avec ses noyaux et du cylinder axis; il en est de même pour certains nerfs appartenant au système cérébro-spinal. En examinant les nerfs de l'embryon (*fibres gélatineuses*), on voit qu'ils possèdent seulement le périnèvre, les noyaux et le cylinder axis. La moelle est une réunion de gouttelettes graisseuses ; on ne lui reconnaît qu'un rôle de protection.

Pendant la vie, le *cylinder axis* est transparent et ressemble à une tige de verre. Il est de nature protéique, analogue à la substance musculaire ; traité par les acides affaiblis, il présente un grand nombre de granulations.

L'examen du nerf sur le cadavre le fait trouver bien différent; ce n'est plus une tige lisse, il présente des plis semblables à ceux d'un réseau vasculaire, et sa coloration est devenue grisâtre.

Les centres nerveux sont des corps sphériques ou polyédriques ; nous retrouvons en eux, sauf la moelle, les mêmes éléments qui constituent le nerf : squelette de tissu conjonctif, noyaux et cylinder axis ; ce dernier élément s'y est hypertrophié, il paraît enroulé sur lui-même, comme les fils d'une bobine électrique. Au milieu du centre nerveux, on remarque un gros noyau. Le nerf qui entre dans le centre nerveux perd sa moelle, celui qui en sort s'enveloppe de substance médullaire ; le premier nerf est un nerf sensitif, le second un nerf moteur. Outre ces deux nerfs, le plus souvent il en part d'autres : au nombre de quatre à six, ils servent à faire communiquer ce centre avec d'autres centres.

Le système cérébro-spinal apparaît sous la forme d'une longue tige renflée à son extrémité supérieure, et occupant toute la cavité du rachis et du crâne. Cette tige est constituée par des amas de centres nerveux communiquant par des filets nerveux les uns avec les autres : de cette tige sortent des cordons antérieurs, nerfs moteurs, et des cordons postérieurs, nerfs sensitifs, comme l'ont démontré Charles Bell et Magendie. Ces cordons se réunissent entre eux pour former les nerfs mixtes que l'on rencontre dans les différentes parties de l'organisme ; les nerfs sensitifs, avant leur anastomose avec les nefs moteurs, présentent un ganglion qui exerce une grande influence sur leur nutrition : c'est ce qui lui a fait donner le nom de *centre trophique*. En effet, si l'on divise un de ces nerfs quelques centimètres après sa sortie du ganglion, on constate que la partie restée en communication avec le ganglion se nourrit, ne subit aucune altération, tandis que l'autre partie s'atrophie.

Les nerfs mixtes, qui sont les nerfs réguliers de l'organisme, sont composés d'éléments moteurs et d'éléments sensitifs. La structure de ces deux espèces de fibres est identique, et elles ne diffèrent que par leurs extrémités terminales. Un nerf sensitif est en rapport avec la périphérie, et par elle avec le monde extérieur qui lui fournit les excitations : il les conduit au centre nerveux ; celui-ci les transforme en mouvements et les transmet au nerf moteur, qui à son tour va influencer les organes contractiles.

Pour déterminer si la propriété de conduire les mouvements dans tel ou tel sens est inhérente à tel nerf plutôt qu'à tel autre, il faut changer les conditions dans lesquelles un nerf se trouve placé dans l'économie : il faut mettre un nerf en contact avec un autre nerf de nature différente. C'est ainsi que Vulpian et Philippeaux, ayant mis à nu le nerf grand hypoglosse et le pneumo-gastrique, greffèrent le bout central du pneumo-gastrique sur le bout périphérique de l'hypoglosse ; et réciproquement, le bout central de l'hypoglosse sur le bout périphérique du pneumo-gastrique : une fois les soudures accomplies, ils excitèrent le tronc du pneumo-gastrique et firent contracter les muscles de la langue ; l'excitation du tronc de l'hypoglosse amena l'arrêt des mouvements du cœur (phénomène qui se produit lorsqu'on excite le pneumo-gastrique à l'état normal).

L'expérience la plus concluante consiste dans la soudure du tronc d'un nerf sensitif avec le bout périphérique d'un nerf moteur; et *vice versâ*, du tronc du nerf centrifuge avec le bout périphérique du nerf centripète. Les nerfs de la langue, nerf lingual (sensitif) et grand hypoglosse (moteur), se prêtent admirablement à l'expérience. On pratique les soudures indiquées, et on observe alors que les mouvements sont transmis par le bout péri-phérique de l'hypoglosse soudé avec le tronc du lingual, et que les sensa-tions sont perçues par le bout périphérique du lingual soudé avec le tronc de l'hypoglosse; de sorte que le tronc du lingual joue le rôle d'un nerf moteur, et celui de l'hypoglosse d'un nerf sensitif. Il résulte de cette expé-rience que la différence des fonctions des nerfs provient des dispositions et de la structure de leurs extrémités; que tous les nerfs jouissent des mêmes propriétés essentielles et sont susceptibles de propager dans toutes les di-rections les mouvements de tout genre.

On est d'accord pour admettre qu'un fluide est conduit par les nerfs. En réalité, quel est ce fluide? C'est ce que l'on ignore. Dugès[1], un des pre-miers, l'a identifié au fluide électrique. Un an après, Lepelletier (de la Sarthe) le définissait par ces paroles: « Le fluide nerveux est invisible, impalpable, insipide, inodore, incapable d'affecter aucun de nos sens, appréciable seulement par ses effets, susceptible de se mouvoir avec la rapidité de l'éclair, de l'organe qui reçoit au cerveau qui perçoit l'im-pression, de l'encéphale qui forme la volition au muscle qui l'exécute[2]. » Une grande partie des physiologistes de notre époque, et à leur tête Dubois-Reymond[3], à cause de ses grandes analogies avec l'électricité, l'assimilent

---

[1] Dugès ; Traité de physiologie comparée de l'homme et des animaux, tom. I, pag. 63 Montpellier, 1838.

[2] Lepelletier de la Sarthe ; Traité de physiologie médicale et philosophique, tom. I, pag. 331. 1839.

[3] *Untersuchungen über thierische Elektricität*, Berlin, 1848, 1849.

au fluide électrique, qui le remplace avantageusement dans les expériences. Helmholtz (d'Heidelberg), d'abord à l'aide du galvanomètre, puis en se servant d'un cylindre tournant; et Valentin (de Berne) avec des horloges marquant les centièmes de seconde, ont cherché à déterminer la vitesse de la marche de ce fluide. D'après eux, la vitesse du courant nerveux serait de 30 mètres par seconde.

Au-devant du système cérébro-spinal se trouve placée de chaque côté de la colonne vertébrale, une chaîne de ganglions qu'on a considérée pendant longtemps comme constituant un système nerveux tout à fait distinct : c'est le grand sympathique. Aujourd'hui on ne le regarde que comme une partie du système nerveux cérébro-spinal. L'opinion ancienne et l'opinion contemporaine se trouvent résumées dans le passage suivant de Longet: « A l'exemple de Winslow, Bichat et beaucoup d'autres anatomistes crurent devoir regarder le grand sympathique comme indépendant du système nerveux de la vie de relation, et les renflements ganglionnaires comme des espèces de petits cerveaux capables de développer la force nerveuse et de la communiquer aux viscères sans le concours de l'axe cérébro-spinal. Aujourd'hui, au contraire, avec Scarpa, Legallois, etc., la plupart des physiologistes regardent ce concours comme indispensable, et voient dans le grand sympathique un appareil nerveux qui, à l'aide d'innombrables racines, tire surtout son influence de la moelle épinière [1]. » Béclard est plus explicite encore : « J'ai vu, comme Scarpa et M. Wutzer, que le rameau simple ou double du ganglion sympathique vient du tronc commun inextricable, et que quand on peut le poursuivre on trouve qu'il vient de l'une et de l'autre racine [2]. » Du nerf rachidien (composé de fibres sensitives et de fibres motrices) se détache un rameau nommé *branche afférente*, qui va se perdre dans le ganglion sympathique. De celui-ci part à son tour un nouveau nerf (appelé *branche efférente*), qui va s'accoler au nerf rachidien et le suit dans son trajet. Il est aujourd'hui admis que, par ses anastomoses

---

[1] Longet; Anatomie et physiologie du système nerveux, tom. II, pag. 569. Paris, 1842.
[2] Béclard; Anatomie générale, pag. 683. Paris, 1823.

avec le système cérébro-spinal, le grand sympathique tire son origine de la moelle épinière.

Tout nerf rachidien contient, outre les nerfs sensitif et moteur venant de la moelle, des nerfs du grand sympathique ; ces derniers sont facilement reconnaissables à leur structure spéciale : ils n'ont pas de substance médullaire. On les appelle *fibres grises* ou de *Remak*.

La constitution des nerfs sympathiques est analogue à celle de la moelle épinière : on y retrouve des nerfs moteurs et des sensitifs ; les ganglions ont aussi la propriété d'agir comme des centres nerveux particuliers; presque tous les phénomènes de la vie organique s'accomplissent sous l'influence du grand sympathique.

Les nerfs sympathiques qui accompagnent les nerfs rachidiens sont presque exclusivement destinés à la tunique musculaire des vaisseaux (artères et veines) : ce sont les nerfs vasculaires ou *vaso-moteurs*. Cl. Bernard et Brown-Séquard ont établi par leurs expériences que la section du grand sympathique amène la paralysie des vaisseaux, c'est-à-dire leur dilatation, et que la galvanisation donne lieu à la contraction vasculaire.

Si l'on examine les éléments nerveux au point de vue du volume, on constate d'une manière générale que les plus gros tubes nerveux sont dans les nerfs moteurs ; dans le grand sympathique sont les minces, et dans los sensitifs les moyens.

§ II. **Action Réflexe.**

Pendant longtemps on a attribué au cerveau une prépondérance, une véritable autocratie sur les autres centres nerveux. La moelle n'était considérée que comme un organe de transmission, jouant le rôle d'intermédiaire entre l'encéphale d'une part, les organes et le monde extérieur de l'autre. Pour les auteurs du dernier siècle et du commencement du nôtre, c'était un long et gros cordon nerveux qui conduisait au cervau les sensations venues du dehors, et qui, après en avoir reçu les ordres de mouvement, les transmettait aux organes ; en un mot, on lui faisait jouer un rôle passif et non un rôle actif. C'était un vassal ne marchant que d'après l'impulsion de son suzerain : c'était un nerf et non un centre nerveux. A cette époque-là, on n'avait aucune idée des connexions du grand sympathique et du système cérébro-spinal; du premier, on avait fait un système particulier, ne servant qu'à l'accomplissement des fonctions des viscères abdominaux et thoraciques ; le second au contraire présidait aux fonctions nobles (si nous pouvons nous servir de ce mot) : il logeait l'âme et l'intelligence, et donnait naissance à tous les actes de la vie de relation.

Il a fallu les recherches histologiques, les vivissections, les expérimentations des physiologistes de notre époque, pour prouver qu'il n'y a qu'un seul système nerveux et pour mettre complètement en évidence le double rôle de la moelle : ils ont démontré l'origine du grand sympathique et ses connexions avec le système cérébro-spinal ; ils ont fait voir que non-seulement la moelle conduit des impressions au cerveau et de là transmet des mouvements aux organes, mais qu'elle est constituée par des centres nerveux totalement indépendants de la masse cérébrale et jouissant de toutes les propriétés inhérentes aux centres nerveux, c'est-à-dire capables de transformer les sensations en mouvements. La structure de la moelle nous indique ce double rôle : la substance grise est une agglomération de centres nerveux ayant leur activité propre ; les parties blanches sont constituées par des fibres nerveuses faisant communiquer entre eux ou avec le cerveau les différents centres nerveux, et s'entrecroisant à leur entrée dans la boîte crânienne de telle façon que les fibres du côté droit se trouvent placées dans l'hémisphère cérébral gauche et les gauches dans l'hémisphère droit.

Depuis longtemps on a désigné sous le nom de sympathies les relations intimes que présentent, soit au point de vue de leur activité fonctionnelle, soit sous le rapport des troubles pathologiques, des organes voisins ou éloignés et sans connexion apparente. Ainsi, « un excitant appliqué à l'une des parties de l'organisme met en jeu les fonctions d'une autre ; ou bien, l'une de ces parties étant seule lésée, les fonctions normales de l'autre sont accrues, affaiblies ou troublées. Ces sympathies s'exerçant en dehors de toute intervention de la volonté et de la conscience, on chercha longtemps leur raison d'être ailleurs que dans les relations établies entre les différents organes, à l'aide des nerfs, par l'intermédiaire des centres nerveux[1]. »

Nous n'ignorons pas que dans cette question nous sommes en désaccord complet avec l'École vitaliste ; nous serons toutefois heureux que, dans ces études, on ne nous attribue pas l'intention de faire le procès du Maître de cette École. Du reste, beaucoup de ses erreurs provenaient des lacunes et des imperfections de la science. Nous voulons seulement montrer que la théorie donnée par l'expérimentation est préférable.

Barthez explique les sympathies par des modifications du principe vital : « Les forces motrices et sensitives du principe vital, qui agissent dans toutes les parties du corps, ont entre elles cette liaison universelle qui forme l'unité du corps vivant ; et de plus, elles ont dans divers organes des communications particulières et plus fortes, qui constituent les sympathies de ces organes.

» La sympathie particulière de deux organes a lieu lorsqu'une affection de l'un occasionne sensiblement et fréquemment une affection correspondante de l'autre, sans que cette succession puisse être rapportée au hasard, au mécanisme des organes, ni à leur concours d'action dans une forme générique de fonction ou d'affection du corps vivant.

»On voit que les sympathies des organes ne peuvent être déterminées que d'après des observations de faits qu'on reconnaît avoir ces conditions ; et qu'on doit les considérer comme étant produites par une sorte d'harmonie préétablie ou par des lois fondées dans la nature du principe vital[2]. »

Partant de ces considérations, le chef de l'École vitaliste range les faits relatifs aux sympathies en trois classes :

1° Sympathies des organes qui ont une structure et des fonctions semblables, et qui sont symétriquement placés dans les deux moitiés latérales du corps ;

---

[1] Leçons sur le diagnostic et le traitement des principales formes de paralysie des membres inférieurs, par Brown-Séquard ; traduites par Richard Gordon, 2e édition, précédée d'une introduction sur la physiologie des actions réflexes, empruntée aux leçons du professeur Rouget pag. 1. Paris, 1865.

[2] Barthez ; Nouveaux éléments de la science de l'homme, tom. II, pag. 1. 1806.

2° Sympathies des organes qui sont unis par un tissu intermédiaire, ou par des vaisseaux et des nerfs communs ;

3° Sympathies des organes similaires, tels que les vaisseaux et les nerfs qui sont liés en systèmes particuliers, et qui ont une ressemblance de fonctions et de structure.

De plus, Barthez a cru reconnaître dans la moelle allongée le centre des sympathies nerveuses. « En remontant ainsi de proche en proche, d'après les faits, jusqu'à la première et commune origine des nerfs, on verra que cette origine, qui est le tronc de tout le système nerveux, est le centre des sympathies de chaque nerf avec ce système ; d'autant qu'il s'y fait la plus fréquente et la plus forte répétition de ces sympathies particulières.

« Si cette première origine du système nerveux vient à souffrir une compression ou lésion extrêmement violente, les forces conjointes de tous les nerfs, plus ou moins sympathiques entre eux, s'éteindront très-promptement. Toutes ces forces, laissées à elles-mêmes, ne seront plus soutenues par leurs sympathies avec le tronc primitif des nerfs, qui périra peu après, par l'interception totale du cercle des fonctions de la vie.

» L'origine commune des nerfs, dans l'homme et les animaux à sang chaud, me paraît être la moelle allongée, que produit la réunion des substances médullaires du cerveau et du cervelet, dans l'espèce de collet qu'elle forme entre ces deux organes et le principe de la moelle épinière. Ce collet est embrassé par la dure-mère, qui a dans cet endroit une tension et une sensibilité extrêmes [1]. »

On considérait donc à cette époque les sympathies comme indépendantes du système nerveux ; « on les expliquait toutes par l'existence dé prétendues forces sympathiques du principe vital antérieures et supérieures à toute condition organique. Grâce à cet ingénieux artifice, on rendait compte des sympathies les plus singulières et les moins explicables, par les connexions naturelles des organes. Bien plus, ces sympathies, ces relations étroites entre les phénomènes d'activité des parties les plus distinctes et les

---

[1] Barthez, *loc. cit.*, pag. 96.

plus éloignées, inexplicables par les relations anatomiques, devenaient ainsi une nouvelle preuve de l'existence d'un principe immatériel, cause de tous les phénomènes de la vie et de l'unité vitale [1]. »

Mais depuis Barthez, de nouveaux travaux ont été entrepris, des recherches incessantes sont venues jeter une clarté nouvelle sur les sympathies. Aujourd'hui les adeptes de l'École vitaliste, tout en suivant l'idée première du Maître, sont obligés d'accepter les données de la physiologie expérimentale.

Aussi trouvons-nous ces théories nouvelles admises dans les écrits d'un des disciples les plus recommandables de Barthez : le professeur Jaumes, dans son ouvrage posthume qu'a publié son fils, se voit forcé de sacrifier aux idées de l'expérimentation. La définition qu'il donne de la sympathie est toute vitaliste ; mais le mécanisme qu'il expose n'est autre que celui de l'action réflexe, c'est-à-dire de cette transformation de l'impression en mouvement, transformation de forces analogue à ce qui se passe quand l'électricité devient lumière, la lumière chaleur, la chaleur mouvement.

« Le mot sympathie ($\sigma\grave{\upsilon}\nu$, avec, $\pi\acute{\alpha}\theta o\varsigma$, affection) a été emprunté aux moralistes qui, comme chacun le sait, désignent ainsi la communication d'un mouvement affectif d'une personne à une autre. Les médecins ont remarqué dans leur sphère d'observation des faits paraissant assez analogues à celui-là pour mériter de porter le même nom.

»Un organe qui souffre en vertu de la souffrance d'un autre organe plus ou moins éloigné : voilà le fait sympathique morbide tel qu'on le conçoit au premier abord [2].»

Ensuite, il reconnaît la sensation comme origine de toute sympathie.« La cause de la sympathie est toujours locale ; c'est un stimulus qui blesse la la sensibilité. Sa raison d'être est le lien de sensibilité qui unit les organes, et par lequel ils se communiquent plus ou moins leurs impressions [3]. » Quelques pages plus loin, il montre le rôle et l'importance du système nerveux : «Les liens anatomiques sont donc indispensables à l'exercice des

---

[1] Gordon, *loc. cit.*, pag. 3.

[2] Jaumes ; Traité de pathologie et de thérapeutique générales, pag. 234. Montpellier, 1869.

[3] Jaumes, *loc. cit.*, pag. 236.

sympathies. Quels sont ceux qui servent spécialement à ce genre d'action et quel rôle y remplissent-ils? Ces questions ont été depuis longtemps posées, et on y a diversement répondu. Toutefois, dès qu'on a commencé à connaître l'appareil nerveux anatomiquement et physiologiquement, l'idée qu'il était l'agent spécial des sympathies s'est naturellement présentée et a été admise. La continuité d'une union nerveuse est donc une condition obligée. Tout ce qui rompt cette continuité est un obstacle à l'accomplisse-ment du phénomène [1]. »

Comme mécanisme de la sympathie, il donne celui de l'action réflexe : « Chaque centre nerveux réunissant certains organes par des nerfs sensitifs et par des nerfs moteurs, il en résulte autant de départements distincts, dont les parties correspondent entre elles. Une de ces parties étant sollicitée par un stimulus, l'impression arrive au centre par les nerfs sensitifs, devient dans ce centre une action motrice conduite par les nerfs moteurs à une partie capable, par son organisation, de réaliser le mouvement. De là, une véritable chaîne nerveuse composée de trois éléments, dont chacun est indispensable à l'accomplissement du phénomène[2]. »

Enfin, le professeur de pathologie et thérapeutique générales fait rentrer les mouvements volontaires dans les mouvements réflexes : « Nous ne sommes pas plus autorisés à en exclure les mouvements volontaires. Ceux-ci sont également impossibles sans le concours de l'appareil nerveux. La loi qui les gouverne est la même; il faut, au préalable, que les trois con-ditions dont j'ai parlé soient remplies. Je ne sais pas comment cela se passe, mais ma volonté est un stimulus incitateur qui doit être senti par le centre nerveux, pour que celui-ci agisse en conséquence et produise l'impulsion motrice[3]. »

De l'étude de ces auteurs qui, tous deux de la même École, professant les mêmes idées, ont écrit sur le même sujet à un demi-siècle d'intervalle, il résulte que le dernier, tout en invoquant comme Barthez une loi pri-mordiale du principe vital, reconnaît l'action réflexe comme indispensable

---

[1] Jaumes, *loc. cit.*, pag. 239.

[2] Jaumes, *loc. cit.*, pag. 241.

[3] Jaumes, *loc. cit.*, pag. 242.

pour l'explication de toute sympathie. Cet aveu est le meilleur hommage qu'on puisse adresser aux travaux des expérimentateurs modernes; c'est un des arguments les plus sérieux en faveur du progrès incessant qui s'accomplit dans l'anatomie et la physiologie par les recherches des disciples de Magendie.

L'action réflexe a pris droit de domicile dans la science, elle est étudiée par tous ; car, « si diverses et si complexes qu'elles soient en apparence, les fonctions du système nerveux se rattacheront toujours à cette forme simple et élémentaire qui constitue le *mouvement réflexe* ou *impression transformée en action*[1] ».

Étudions donc l'origine et le mécanisme de l'action réflexe ; nous verrons ensuite ses applications à la pathologie.

A la fin du siècle dernier, dans un ouvrage intitulé : *Les vapeurs et maladies nerveuses*, un médecin anglais, Robert Whytt, dont Barthez combat les idées [2], entrevit très-vaguement l'action réflexe.

Proschaska[3] vint ensuite, et le premier il dépouilla le cerveau de cette prépondérance qu'on lui faisait exercer sur les autres parties du système nerveux. Il montra qu'un animal décapité, et par conséquent privé de l'action cérébrale, peut encore exécuter certains mouvements, « non pas seulement des mouvements convulsifs ou des mouvements isolés de tel ou tel muscle, mais bien des mouvements d'ensemble, des mouvements coordonnés et paraissant même adaptés à un but. »

Legallois[4] établit l'origine de ces mouvements; il prouva qu'il fallait une excitation extérieure pour qu'ils se produisent dans le tronc de l'animal décapité.

Lallemand[5], dans sa dissertation inaugurale, suivit la voie tracée par

---

[1] Gordon, *loc. cit.*, pag. 8.

[2] Barthez, *loc. cit.*, pag. 79.

[3] Proschaska ; *Operum minorum anatomici, physiologici et pathologici argumenti*, pars II, cap. IV. Viennæ, 1800.

[4] Legallois ; Œuvres complètes, 1810.

[5] Lallemand; Observations pathologiques propres à éclairer plusieurs points de physiologie. Paris, 1818.

Proschaska et Legallois : « Ces observations suffisent, dit-il en parlant de
la vie intra-utérine des monstres acéphaliens, pour prouver que le cerveau
n'est pas la source unique de la puissance nerveuse, comme le croyait
Haller, ni le centre unique du système nerveux de la vie animale, comme
le pensait Bichat. Elles prouveraient encore, si cela avait besoin d'être
prouvé aujourd'hui, que les mouvements indépendants de la volonté ne
sont pas sous l'influence du cervelet. Il en résulte enfin, comme conséquence immédiate, que les organes qui reçoivent leurs nerfs de la moelle
allongée et de la moelle épinière, y puisent directement la puissance nerveuse qui les anime, tandis que c'est du cerveau que partent les détermi-
nations de la volonté.....

» La respiration, la déglutition, la sensibilité et le mouvement ont existé
chez ces fœtus, malgré l'absence du cerveau et du cervelet. Aucune ob-
jection ne peut empêcher d'en conclure que ces fonctions sont indépendantes de ces organes ; que par conséquent la moelle allongée et la moelle
épinière ne puisent ni dans le cerveau ni dans le cervelet la puissance
nerveuse animant les parties qui en reçoivent des nerfs. »

Un autre fait non moins significatif est rapporté par Beyer [1]. Après plusieurs tentatives infructueuses pour accoucher avec le forceps une femme
mal conformée, Beyer se décida à briser la tête du fœtus afin de sauver
la mère ; il vida entièrement le crâne et fit l'extraction de l'enfant, qu'il
laissa de côté. Pendant qu'il donnait ses soins à la femme, il entendit d'a-
bord un murmure, puis un cri bien distinct ; il examina ce fœtus privé
d'encéphale, et fut tout étonné de le voir respirer, crier et exécuter des
mouvements ; cet état dura près d'une demi-heure.

Malgré toutes ces observations, malgré toutes ces recherches, la théorie
des sympathies, telle que l'avait définie Barthez, dominait dans la science:
le mécanisme de l'action réflexe restait inaperçu ; il fut enfin démontré
par Marshal-Hall [2] et Jean Muller [3]. «Alors seulement on put constater : 1°
que les centres nerveux médullaires sont capables de déterminer et de coor-

[1] Annales d'Hecker, 1834.
[2] Marshal-Hall ; *Philosophical transactions*, 1833.
[3] Jean Müller ; Manuel de physiologie. Berlin, 1833.

donner des mouvements sans l'intervention du centre de la volonté et de la conscience; 2° que les mouvements réflexes ne s'accomplissent jamais que dans les conditions suivantes: un nerf sensitif reçoit une impression, la communique à un centre nerveux; ce centre nerveux transmet l'impression modifiée à un nerf moteur, qui lui-même conduit aux muscles l'impression qu'il a reçue, transformée en excitation au mouvement[1].» Depuis lors on ne peut comprendre la structure ni les fonctions du système nerveux sans avoir présent à la pensée le mouvement réflexe : toujours on trouvera une partie périphérique, un cordon centripète, un centre nerveux, un cordon centrifuge, une plaque terminale du nerf ; si on excite la partie périphérique, la sensation sera portée au centre nerveux par le nerf sensitif, transformée là en mouvement qui sera transmis par le nerf moteur à sa plaque terminale. On aura ainsi une action réflexe, c'est-à-dire l'acte par lequel le système nerveux manifeste son activité ; les origines et les formes de mouvements peuvent être différentes, le mécanisme est toujours le même.

Afin de donner une idée exacte et juste du mode de production de l'action réflexe, nous ne croyons pouvoir mieux faire que de rapporter les deux expériences suivantes.

On coupe la tête à une grenouille, puis on dépose sur la cuisse droite une goutte d'acide acétique cristallisable: le membre pelvien droit est mis en mouvement pour se débarrasser de la cause irritante. Ce phénomène est une action réflexe; l'excitation extérieure est la goutte d'acide acétique ; la sensation est tranformée en mouvement; celui-ci est exécuté par les muscles du membre.

On pratique également l'autre expérience sur une grenouille décapitée; on lui coupe le membre postérieur droit en laissant un moignon sur lequel on met une goutte d'acide acétique cristallisable : l'animal tâche avec son membre pelvien gauche d'enlever l'acide acétique placé sur le moignon. Ce fait là est une action réflexe comme le précédent; mais on trouve ici un acte plus important, la coordination des mouvements malgré l'absence de l'encéphale. Cette dernière expérience montre que dans l'action réflexe,

---

[1] Gordon, *loc. cit.*, pag. 7.

non-seulement la sensation est transformée en mouvement, mais encore que ces mouvements sont coordonnés. On peut ainsi, chez l'homme, passer d'un acte simple à un acte plus complexe.

Les actions réflexes se produisent dans l'état d'intégrité absolue du systéme cérébro-spinal, et le plus souvent pendant l'activité du cerveau. On marche tout en causant et même en soutenant une vive discussion : or la marche ordinaire est réglée par la sensibilité du sol et le mouvement musculaire ; c'est un des phénomènes dans lesquels le rôle de l'action réflexe est le plus évident. On danse en écoutant la musique et en tenant une conversation.

Beaucoup d'actes de la vie qui exigent une grande précision, s'accomplissent mal quand l'attention intervient, et mieux quand l'action réflexe seule agit. Ainsi, les ouvriers travaillent à des œuvres d'art très-délicates tout en causant ou en chantant.

On peut donc dire avec juste raison, que les actions réflexes jouent un grand rôle dans les actes de la vie : les mouvements qui s'accomplissent quand la moelle seule est en jeu (on n'a qu'à se rappeler l'expérience faite sur la grenouille décapitée et n'ayant qu'un moignon de cuisse) sont aussi bien coordonnés que ceux qui ont lieu sous l'impulsion de la volonté. Du reste, il y a similitude d'origine dans les mouvements ; jamais aucun mouvement n'est spontané : il résulte toujours d'une sensation, directement dans l'action réflexe, indirectement dans les actes volontaires. Dans le premier cas, la sensation aussitôt reçue est transformée en mouvement, et dépensée par les centres nerveux de la moelle ; dans le second, la sensation, après avoir été portée directement au cerveau, ou bien après avoir cheminé de centres nerveux rachidiens en centres nerveux jusqu'à la masse encéphalique, y est en quelque sorte emmagasinée, mise en réserve, condensée comme l'électricité dans la bouteille de Leyde. Dans l'acte volontaire, le mouvement est le résultat d'une excitation partant d'un centre cérébral ou, comme dit Carpenter, d'une excitation idéo-motrice.

Le premier acte de la vie de l'enfant est une action réflexe ; on n'a qu'à lire ce passage emprunté au Dr Richard Gordon, pour voir comment s'établit chez l'enfant la première fonction de la vie extra-utérine, la respiration, et comment elle est ensuite entretenue : « L'impression de l'air froid sur la surface cutanée de l'enfant au sortir du sein de la mère, est vraisemblablement la cause de la première inspiration, et, lorsque celle-ci a eu lieu, l'impression produite sur la muqueuse pulmonaire par l'arrivée de l'air extérieur, devient à son tour cause excitatrice des mouvements respiratoires ; ceux-ci se succèdent alors sans interruption, entretenant eux-mêmes la cause de leur reproduction[1].» Il y a là deux actions réflexes successives : la première due à la sensation recueillie par les nerfs cutanés ; dans la seconde, l'impression produite sur la muqueuse pulmonaire est transmise par le pneumo-gastrique au centre respiratoire, et là transformée en mouvement qui est exécuté par les muscles respirateurs.

Un des premiers actes qui concourent à l'accomplissement de la digestion est également une action réflexe ; la déglutition est un mouvement que la volonté ne peut empêcher ni reproduire. Pour que la déglutition s'exécute, il faut une impression produite sur la muqueuse de l'isthme du gosier par le bol alimentaire (solide ou liquide). Cette excitation est transformée en mouvement, et la contraction musculaire qui en est la conséquence donne lieu au passage du bol alimentaire dans le pharynx ; la marche de ce bol dans l'œsophage a lieu d'une manière identique, et la volonté n'intervient en rien.

Durant le sommeil, qu'un individu soit gêné par une circonstance quelconque ou, suivant l'expression vulgaire, se trouve placé dans une mauvaise position : il exécutera des mouvements pour se mettre dans une position meilleure. Cependant, à ce moment-là, la volonté n'intervient pas ; les sens, excepté celui du tact, ne fonctionnent pas ; ils sont en quelque sorte suspendus.

Les actions réflexes ne sont pas limitées dans le système cérébro-rachidien ; les organes, innervés par le grand sympathique, montrent par les mouvements réflexes qu'ils exécutent que ce système est également leur champ de manœuvre.

On retrouve dans l'estomac la même excitation qui a provoqué le mou-

[1] Gordon, *loc. cit.*, pag. 22.

vement réflexe de la déglutition et qui, dans cet organe, occasionne la contraction de ses fibres musculaires. Les mouvements de l'intestin ont lieu de la même manière.

Dans les muscles de la vie animale, la sensation de la première contraction transmise au centre nerveux rachidien donne lieu à la seconde contraction ; ainsi de suite pour la troisième et les suivantes. Il en est de même pour les muscles de la vie organique : par exemple, le cœur vide de sang et extrait du thorax, continue à battre pendant un certain temps ; la cause de ces contractions est l'excitation donnée par la dernière contraction du cœur contenant du sang. Ces contractions persistent tant qu'un ganglion spécial, placé dans la cloison des oreillettes au point de réunion des quatre cavités du cœur, est en rapport avec le tissu musculaire. C'est un véritable centre nerveux qui dirige ces mouvements ; il communique avec les ganglions du plexus cœliaque et envoie des rameaux dans les diverses parties du cœur. Or toute portion de cet organe en rapport avec le centre nerveux conserve la faculté de se contracter ; au contraire, toute partie séparée de ce ganglion ne se contracte plus. Si l'on veut être témoin de la production de ces phénomènes, on n'a qu'à extraire du thorax le cœur d'une grenouille et à le diviser en deux parties égales, les ventricules et les oreillettes ; les premiers n'ont plus de contractions, tandis que les secondes continuent à se contracter, parce qu'elles communiquent toujours avec le centre nerveux. Si, au lieu d'enlever tout à fait les ventricules, on pratique la section de telle façon que les deux tiers restent en contact avec les oreillettes, et par conséquent avec le centre nerveux, la pointe du cœur n'exécute plus aucun mouvement, tandis que le reste de cet organe se contracte.

Le mécanisme de l'action réflexe vient encore ajouter aux lumières que donne l'anatomie sur les relations du système cérébro-spinal et du grand sympathique, une nouvelle preuve de l'existense d'un seul système nerveux. On voit que la sensation perçue par un nerf cérébro-rachidien donne lieu aux mouvements des muscles innervés par les rameaux du grand sympathique ; et, *vice versà*, que l'impression reçue par les nerfs sensitifs sympathiques met en contraction les muscles soumis aux nerfs de la moelle épinière. A cause de l'origine du grand sympathique, les centres nerveux cérébro-spinaux « peuvent servir d'intermédiaire et de centre réflexe, soit entre des nerfs sensitifs et moteurs de la vie organique et de la vie animale, soit entre des nerfs sensitifs et moteurs appartenant tous deux au grand sympathique[1] ».

§ III. **Applications à la pathologie.**

La plupart des actions réflexes pathologiques montrent les connexions intimes qui existent entre les deux systèmes nerveux.

« Le vomissement est essentiellement une action réflexe ; les convulsions des muscles des parois abdominales et du diaphragme sont le résultat de la transformation, de la réflexion d'une impression dont le point de départ sera indifféremment la muqueuse gastrique, celle de la base de la langue ou de l'isthme du gosier, l'intestin, les organes génito-urinaires, le péritoine, la rétine (vomissements provoqués par la vue de certains objets, de certains mouvements, de certaines couleurs, etc.), et enfin les nerfs de la cinquième paire (névralgies hémicrâniennes)[2]. »

La toux est également une action réflexe : elle est causée par une convulsion du diaphragme et des muscles expirateurs qui a pour origine une sensation venant de la muqueuse bronchique ou mieux de la muqueuse du larynx. Le mouvement de la toux survient immédiatement après la sensation ; le malade en a conscience, mais ne peut empêcher sa production.

La dyspnée n'est qu'une paralysie des muscles du larynx ; on peut la produire artificiellement chez les animaux par la section des nerfs vagues.

L'accès d'asthme est une convulsion réflexe. Voici comment opérait Rosenthal pour produire chez les animaux les phénomènes asthmatiques : il coupait le pneumo-gastrique au-dessus de la naissance du laryngé supérieur ; la respiration de l'animal devenait lente et pénible. Il galvanisait ensuite le bout central du pneumo-gastrique ; l'excitation transmise au bulbe rachidien provoquait une contraction tétanique du diaphragme, des intercostaux et des autres muscles inspirateurs, contractions qui déterminaient

---

[1] Gordon, *loc. cit.*, pag. 28.
[2] Gordon, *loc. cit.*, pag. 56.

comme un arrêt de l'inspiration : de là , l'état d'angoisse de l'animal , le besoin d'air. L'excitation du bout périphérique du nerf laryngé supérieur donnait à Rosenthal un arrêt de l'expiration par le relâchement du diaphragme. Il unissait ainsi à une inspiration brusque et difficile une expiration lente, pénible, et aussi peu efficace que la première partie de l'acte respiratoire. Il existe la plus grande similitude entre ces phénomènes et la dyspnée asthmatique. Chez l'homme , l'excitation des terminaisons sensibles du pneumo-gastrique et du nerf laryngé supérieur est causée par la poussière, l'impression du froid. Aussi G. Sée a-t-il dit avec raison que «l'accès d'asthme à son début n'est qu'une excitation centripète du nerf vague et du nerf laryngé supérieur».

Niemeyer montre le rôle de l'affection réflexe dans la coqueluche : « Des accès tout à fait semblables, identiques même avec ceux de la coqueluche, se produisent quand, chez des sujets sains, surtout chez les enfants, la muqueuse du larynx subit une irritation violente, quand des corps étrangers à vive arète, des fragments durs de sels ou de suçre, arrivent dans le larynx et impressionnent les fibres sensibles de la muqueuse : ce sont de simples phénomènes réflexes [1]. »

Le tétanos traumatique est dû à une action réflexe. « La lésion traumatique des éléments des nerfs sensitifs est le point de départ de l'irritation qui, réfléchie par l'intermédiaire de la substance grise de la moelle, agit sur les nerfs moteurs.

» Les lésions qui déterminent le plus communément le tétanos, sont des lésions en apparence légères, superficielles, mais intéressant les extrémités terminales des nerfs sensitifs, spécialement celles des nerfs cutanés. Or, l'expérimentation démontre que l'irritation, le pincement de la peau déterminent des contractions réflexes beaucoup plus énergiques, beaucoup plus générales que l'application des excitants aux troncs des nerfs eux-mêmes [2]. »

---

[1] Éléments de pathologie interne et thérapeutique de Niemeyer (de Tubingue) ; traduction par Culmann et Spengel, revue et annotée par V. Cornil, précédée d'une Introduction par le professeur Béhier, tom. I, pag. 84. 1869.

[2] Ch. Rouget ; Mémoire sur la physiologie pathologique du tétanos traumatique. Paris, Concours pour les prix de l'internat, 1852-1853.

Du mécanisme des actions réflexes, le professeur Rouget, alors interne des hôpitaux de Paris, conclut que la section du tronc des nerfs sensitifs compris dans la lésion traumatique est évidemment indiquée dès le début pour faire cesser ou prévenir, si on a lieu de les craindre, les convulsions tétaniques. Cette opération dans ces cas, où la mort est la règle, mérite d'être tentée : elle ne peut avoir aucune suite fâcheuse, puisque l'on sait que les nerfs dont les extrémités divisées restent en contact, peuvent se cicatriser et reprendre leurs fonctions. Si, à cause des difficultés matérielles, cette opération n'était pas praticable, on peut appliquer sur la plaie, directement et dans la première période du mal, un topique qui paralyse les extrémités sensitives des nerfs, et empêche ainsi la production des convulsions tétaniques. Ce topique est le *curare*, que préparent les sauvages de l'Amérique méridionale pour empoisonner leurs flèches. On comprend donc que le curare puisse guérir le tétanos traumatique.

Plusieurs physiologistes comparent les convulsions qui se produisent à la suite de morsures d'animaux enragés, à celles du tétanos ; ils conseillent, dans l'hydrophobie comme dans le tétanos, de séparer de la moelle les nerfs sensitifs de la plaie, afin d'éviter la production de l'*aura* (on donne dans ce cas le nom d'*aura* à l'excitation qui part des extrémités terminales des nerfs sensitifs). Brown-Séquard partage leur opinion, et pour mieux affirmer son dire, il cite une observation de Stokes père : « Le médecin, ayant à traiter un individu atteint de l'hydrophobie rabique, appliqua un tourniquet sur le membre blessé, de manière à interrompre la communication entre les centres nerveux et la plaie d'incubation. Les accès convulsifs s'arrêtaient à mesure qu'on exerçait la compression, et se reproduisaient dès qu'on la suspendait. La crainte de la gangrène ayant forcé à la cesser définitivement, le malade mourut [1]. »

---

[1] Brown-Séquard ; *Lectures on the central nervous system*. Appendice, pag. 262. Philadelphie, 1860.

CHAPITRE II.

NERFS VASO-MOTEURS.

Parmi les nerfs moteurs du grand sympathique, il y en a un certain nombre qui nous offre un plus grand intérêt, à cause des organes qui reçoivent leurs terminaisons. Ce sont les nerfs *vaso-moteurs*, destinés, comme leur nom l'indique, à la tunique contractile des vaisseaux (artères et veines). On les trouve partout accolés, soit aux nerfs mixtes du système cérébro-spinal, soit à ceux du grand sympathique ; « il résulte de cette union que les lésions de ces nerfs (nerfs mixtes et nerfs vaso-moteurs) ne sont pas seulement suivies des troubles du mouvement et de la sensibilité, mais aussi de troubles quelquefois beaucoup plus prononcés de la circulation et de la nutrition [1].»

Les origines apparentes des nerfs vaso-moteurs sont les ganglions du grand sympathique. Ainsi, dans le thorax, du plexus cardiaque sortent les nerfs vaso-moteurs des poumons et du cœur ; dans l'abdomen, le ganglion cœliaque donne naissance à ceux de l'intestin, de l'estomac, du foie. D'après Moritz Schiff (de Francfort)[2], les nerfs vaso-moteurs traversent les ganglions sympathiques, pour se rendre dans la moelle, et remonter ensuite jusqu'au bulbe ; les vaso-moteurs des extrémités antérieures et postérieures

---

[1] Gordon, *loc. cit.*, pag. 36.

[2] Comptes-rendus de l'Institut, 1862, Moritz Schiff (de Francfort); Notes sur les nerfs vaso-moteurs, pag. 400, 425, 462, 540.

des parois thoraciques et abdominales naissent de la moelle allongée et parcourent la moelle épinière, pour en sortir avec les racines des nerfs rachidiens qui concourent à la formation des plexus d'où émergent les nerfs mixtes. Toujours suivant Schiff, l'origine apparente des nerfs vaso-moteurs de l'avant-bras et de la main est la partie inférieure de la région cervicale et la partie supérieure de la région dorsale de la moelle épinière ; ceux de l'épaule et du bras ont leur origine dans la région dorsale jusqu'à la cinquième et même la sixième vertèbre ; les nerfs vasculaires de la jambe et du pied viennent de la région lombaire et de la région sacrée ; ceux de la cuisse, de la région lombaire et de la partie inférieure de la région dorsale. Brown-Séquard n'est pas tout à fait du même avis que Schiff sur l'origine réelle des nerfs vasculaires ; il dit « que beaucoup d'éléments vaso-moteurs s'arrêtent dans la moelle épinière ; qu'un assez grand nombre de ces éléments, venus de divers points du corps, montent jusqu'à la protubérance, et quelques-uns jusqu'au cervelet et d'autres parties de l'encéphale ; que conséquemment la moelle allongée n'est pas la source unique des éléments vaso-moteurs [1].»

La section d'un nerf vaso-moteur (paralysie du nerf) donne lieu à la dilatation du vaisseau et par suite à une affluence de sang plus grande ; la nutrition devient plus active et la température s'élève. Si on applique un courant galvanique au bout périphérique de ce nerf vaso-moteur, la tunique musculaire du vaisseau se contracte, le sang coule en moins grande quantité, la nutrition est diminuée et la température s'abaisse. Ainsi donc, les résultats de cette expérience sont, dans la section ou paralysie du nerf, un accroissement de l'acte nutritif, dans la galvanisation une diminution.

On peut constater *de visu* le résultat de la section du nerf vaso-moteur d'une veine ; le sang contenu dans ce vaisseau passe subitement de la couleur noire à la couleur rouge ; il devient tout à fait rutilant comme celui d'une artère, et on peut souvent compter les pulsations. Cette différence de coloration provient de ce que le sang, affluant en plus grande quantité, ne

[1] Brown-Séquard ; Journal de la physiologie, etc., pag. 214. 1858.

sert pas tout entier à la nutrition. Le sang est également rouge dans les veines des membres paralysés, quand les muscles ne se contractent plus.

On peut facilement, à l'aide du manomètre différentiel de Cl. Bernard[1], démontrer le plus grand afflux du sang dans une artère dont le nerf vaso-moteur aura été coupé. On sait qu'à l'état normal, dans deux artères symétriques également éloignées du cœur, il y a égalité de pression, c'est-à-dire que le mercure du manomètre différentiel reste à la même hauteur dans les deux branches, car les deux masses sanguines subissent chacune une égale force d'impulsion. Mais si le calibre de l'une des artères vient à être augmentée (ce que l'on réalise en coupant le nerf vaso-moteur), la pression ne sera plus égale et le mercure baissera dans la branche communiquant avec l'artère dilatée par la section du nerf.

Cl. Bernard[2] a fait avec cet instrument plusieurs expériences sur des chevaux. Il prenait d'abord la pression des deux artères coronaires de la face : il obtenait ainsi une pression de 120 millimètres dans chaque branche; puis il coupait le nerf grand sympathique du côté droit. Quelques instants après, il examinait les deux branches du manomètre, et trouvait en faveur du côté droit un excès de pression de 60 millimètres : il avait à droite 180 et à gauche 120, comme dans la première partie de l'expérience.

On retrouve ces deux états opposés des vaisseaux (la dilatation et la contraction) dans certains organes pendant l'accomplissement de leurs fonctions. On ne peut pas constater la dilatation des artères, à cause de la coloration du sang qui ne varie pas. Le problème est plus facile à résoudre si l'on observe les veines, dont la coloration change, comme on le sait, suivant que le sang a ou n'a pas accompli toute son action.

Les muscles se distinguent des glandes en ce que le sang en sort toujours noir, parce qu'ils sont toujours en activité et que leurs vaisseaux ne se dilatent pas. Dans les glandes au contraire, pendant que s'écoule la sécrétion, le sang des veines est toujours rutilant : cela tient à ce que les vaisseau glandulaires se dilatent et sont traversés par une plus grande masse de sang, et que tout ce sang n'accomplit pas toute son action.

---

[1] Cl. Bernard, *loc. cit.*, pag. 209.

[2] Cl. Bernard, *loc. cit.*, pag. 231 et suivantes.

Ainsi, dans les reins, où la sécrétion urinaire a lieu d'une façon continue, les vaisseaux sont toujours dilatés, et les veines présentent la coloration rouge ; à l'ouverture de la cavité abdominale (dans les expériences), elles sont facilement reconnaissables à leur coloration rutilante, qu'elles conservent jusqu'à leur arrivée dans la veine-cave inférieure. Les veines des glandes salivaires n'offrent pas toujours cette coloration, parce que leur sécrétion éprouve des intermittences ; mais que l'on mette sur la langue un corps sapide, la salive sera sécrétée, et la coloration rutilante apparaîtra.

§ I. **Actions réflexes des nerfs vaso-moteurs.**

Dans la transformation des mouvements, les nerfs vaso-moteurs diffèrent des autres nerfs de l'économie en ce qu'ils constituent un appareil qui ne restitue pas toujours, sous forme d'excitation motrice et en quantité proportionnelle, ce qu'il a reçu comme impression. A quoi cela tient-il ? à la présence de corpuscules ganglionnaires sur le trajet des fibres qui transmettent l'excitation ; ces nerfs sont soumis à la loi suivante : « Une excitation légère et de peu de durée se manifeste par un accroissement d'énergie des contractions ; une excitation intense et de plus longue durée a pour effet un arrêt de contraction, une paralysie. » Ainsi donc, suivant le degré d'intensité des courants électriques, on obtiendra deux états opposés : une contraction des muscles d'un vaisseau, et par suite une diminution de son calibre ; ou bien une paralysie, un arrêt de mouvement qui amènera la dilatation du vaisseau ; ce dernier phénomène a reçu le nom d'*action réflexe d'arrêt* ou *paralysante*. On a été conduit à la découverte de cette propriété des corpuscules ganglionnaires par l'expérience, de Budge et de Weber sur le pneumo-gastrique ; dans cette expérience, qu'on peut facilement renouveler, l'excitation de ce nerf, au lieu de provoquer des contractions du cœur plus nombreuses et plus énergiques, détermine l'arrêt de ces contractions. Pour expliquer ce fait, plusieurs physiologistes appelèrent les nerfs vaso-moteurs des *nerfs d'arrêt*, et l'un d'eux proposa d'appliquer cette propriété à tous les nerfs de l'organisme. Des observations postérieures ont montré qu'une excitation faible du pneumo-gastrique active les contractions du cœur ou les ranime si elles étaient suspendues ; elles n'ont pas détruit le résultat de l'expérience de Budge et de Weber, mais elles l'ont expliqué et ont montré qu'il était dû à une excitation plus forte qui était retenue dans les ganglions du plexus cardiaque ; on a vu ainsi que ces deux états opposés provenaient du degré d'intensité de l'excitation.

Les sécrétions des glandes du tube digestif (gastriques, intestinales) et de celles de ses annexes (foie, pancréas) ont lieu par action réflexe : c'est une excitation fournie par le bol alimentaire, d'abord dans l'estomac, puis dans l'intestin, qui donne lieu à la dilatation vasculaire et par suite à l'établissement de la fonction sécrétante. Ce phénomène se développe d'une façon analogue à celui de la sécrétion salivaire.

Parmi les expériences de Brown–Séquard, nous en trouvons une très-curieuse ayant rapport à la contraction vasculaire par action réflexe. En plongeant une main dans de l'eau très-froide (glace fondante), ce physiologiste constatait le refroidissement de l'autre main qui était restée exposée à l'air ambiant ; il pouvait se faire dans cette main une déperdition de chaleur de 12°. « Nous insistons sur ce phénomène de l'abaissement de la température d'une extrémité, sous l'influence de l'irritation des nerfs sensitifs d'une autre extrémité, parce que nous avons là un exemple très-évident d'action réflexe sur les vaisseaux sanguins. Dans ce cas, l'action réflexe a lieu entre des parties homologues [1]. »

§ II. **Applications à la pathologie.**

Les phénomènes morbides qui se développent à la suite d'actions réflexes des nerfs vaso-moteurs sont toujours des troubles de la nutrition : on les divise en deux grandes catégories suivant qu'il y a dilatation ou contraction des vaisseaux.

I. DILATATION VASCULAIRE.

Les actes pathologiques dus à la dilatation vasculaire par action réflexe, sont aussi divisés en deux grandes classes : les uns consistent dans des

---

[1] Brown-Séquard ; Remarques sur l'influence du froid appliqué à une petite partie du corps de l'homme ; Journal de la physiologie, etc., pag. 505. 1858.

excès de nutrition qu'on devráit plutôt appeler des aberrations de nutrition;
les autres sont des congestions, des inflammations.

Touchant les aberrations de nutrition, le Dr Charcot cite trois observations qui méritent d'être lues [1]. La première est une éruption particulière
siégeant sur la face dorsale d'une main et des doigts, et consécutive à la
lésion des filets nerveux qui se distribuent à ces parties; la seconde est un
herpes zoster survenant dans le cours d'une névralgie sciatique; la troisième est une névralgie consécutive à une lésion traumatique et accompagnée
d'une éruption de vésicules d'herpès.

« On a noté l'hypertrophie des os du crâne et de la face à la suite de
névralgies de la cinquième paire. Le zona est toujours précédé et accom-
pagné d'une névralgie intercostale, et l'éruption siége sur la zone cutanée
dont les nerfs vaso-moteurs correspondent exactement aux nerfs sensitifs
douloureux. On cite les cas d'érythème, de pemphigus, d'urticaire d'origine
traumatique [2]. »

Les excès de nutrition portent souvent sur le squelette d'enveloppe des
organes. On observe alors dans la partie affectée de l'organisme les mêmes
phénomènes qu'on retrouve dans le développement du névrome. Cette
lésion consiste, comme on le sait, dans une hypertrophie de la membrane
d'enveloppe (gaîne de Schwann) qui comprime la substance active (*cylinder
axis*) et finit par la détruire. Ce qui se passe dans un nerf peut avoir lieu
dans les centres nerveux. Alors, dans la dernière période de ce trouble
nutritif, on constate que les éléments actifs des centres nerveux ont disparu
et sont remplacés par une substance grise demi-transparente qui n'est autre
que la *névroglie* hypertrophiée (membrane d'enveloppe de l'encéphale et de
la moelle épinière analogue à la gaîne de Schwann). On remarque dans
cette substance des corps présentant les mêmes réactions que l'amidon de
la pomme de terre, c'est-à-dire se colorant en bleu et en violet par l'iode:

[1] Charcot; Note sur quelques cas d'affection de la peau dépendant d'une influence du système nerveux; Journal de la physiologie. etc., pag. 108 et suivantes. 1859.
[2] Gordon, *loc. cit.*, pag. 67.

ce sont les *corpuscules amyloïdes*. Beaucoup de tumeurs cérébrales ou rachidiennes, appelées sarcomes, cancers, tumeurs fibro-plastiques, résultent de l'hypertrophie de la névroglie. Ces altérations ne se présentent pas seulement dans le cordon cérébro-spinal; on les trouve aussi dans le foie, les reins, la rate, la prostate, les ganglions lymphatiques, comme l'ont observé Virchow et Meckel. Car «les substances amyloïdes (glycogènes) existent dans l'organisme des animaux au même titre que les substances protéïques et les substances grasses. Leur présence comme élément constituant des tissus normaux n'est pas limitée..... à un seul organe chez les vertébrés (le foie)....; mais elle se rencontre dans beaucoup d'organes, tantôt seulement pendant certaines périodes du développement, tantôt pendant toute la vie .[1]»

Une brûlure de la peau donnera lieu à une excitation intense des nerfs sensitifs cutanés, et amènera par action réflexe la paralysie des nerfs vaso-moteurs de l'intestin, la dilatation vasculaire, et par suite une congestion qui sera le plus souvent suivie d'inflammation.

«L'impression du froid sur une partie limitée du corps, les pieds ou la tête, peut être suivie, comme le montre l'expérience de tous les jours, d'une sécrétion abondante et même d'un coryza; l'irritation de la muqueuse pituitaire peut à son tour provoquer une sécrétion abondante de larmes[2].»

L'impression du froid peut également, par action réflexe, déterminer la paralysie des nerfs vaso-moteurs d'un lobe pulmonaire, sa congestion, son inflammation, en un mot une pneumonie.

Les névralgies d'une partie de la face sont fréquemment accompagnées de congestion de cette partie; cela s'explique par l'impression douloureuse qui, transmise aux centres nerveux, amène la paralysie des nerfs vaso-moteurs.

Durant le cours de la blennorrhagie, on observe assez souvent la formation d'une orchite; l'inflammation ne se propage pas, comme le croit le

---

[1] Ch. Rouget; Des substances amyloïdes, de leur rôle dans la constitution des tissus des animaux; Journal de la physiologie, etc. 1859.

[2] Gordon, *loc. cit.*, pag. 62.

vulgaire, de la muqueuse uréthrale aux canaux spermatiques, et de là aux glandes séminales, mais est la conséquence de l'impression réfléchie sur les nerfs vaso-moteurs du testicule.

La paralysie des nerfs vasculaires d'un membre donnera lieu à l'hyperémie de ce membre, à une inflammation, et par suite à des ulcérations partielles, à la formation d'eschares des parties exposées aux frottements extérieurs : c'est ce qu'on observe chez les animaux qui ont le nerf sciatique coupé.

Ces phénomènes morbides, qui se passent non-seulement dans les membres mais encore dans les organes, à la suite de la dilatation vasculaire, peuvent se développer dans les différents centres nerveux et leurs enveloppes. On aura ainsi les divers degrés de congestion, d'inflammation du cerveau ou de l'un de ses hémisphères, de la moelle ou d'une de ses régions (cervicale, dorsale, lombaire, sacrée), ou même d'une de ses parties (substance blanche ou substance grise). Dans ces divers états on remarque le plus souvent l'anesthésie, quelquefois l'hyperesthésie, des contractions spasmodiques, et des ulcérations des parties du corps sur lesquelles repose le malade.

La formation des abcès métastatiques a lieu par action réflexe. Dans ses recherches sur l'embolie, Virchow explique la métastase par un transport de caillots, par la migration de parcelles d'embole ; en parlant ainsi, il n'a fait que rajeunir l'ancienne théorie qui faisait cheminer le pus dans les vaisseaux jusqu'au moment où il s'arrêtait dans une partie du corps pour présider à la formation d'un abcès. Que l'on considère les phénomènes fournis par l'expérimentation, et l'on verra qu'on peut mieux rendre compte du mécanisme de la métastase en la considérant comme un résultat d'action réflexe. « Irritez un tissu mécaniquement, un phlegmon se déclare : voilà la lésion locale constituée. De là, l'excitation gagne la moelle, puis se réfléchit sur le cœur et sur les nerfs vaso-moteurs, et la fièvre se déclare.......... Mais les choses se passeront tout différemment si vous avez pris soin de couper les racines sensitives. Vous avez par là barré le chemin à la transmission des impressions de la périphérie au centre. Le phlegmon continuera à se développer, mais il restera à l'état d'acte local et isolé ; il n'y aura pas de phénomènes généraux [1]. » Dans ces cas-là, l'impression douloureuse qui, transmise aux centres nerveux, cause la fièvre traumatique, peut également, par sa réflexion sur les nerfs vaso-moteurs d'une partie quelconque de l'organisme, y donner lieu à la dilatation vasculaire, à la congestion, à l'inflammation et à la suppuration. De même, une nouvelle excitation partie de ce point enflammé, provoquera la paralysie vasculaire d'un autre organe, et les mêmes phénomènes se produiront. On aura ainsi la formation de plusieurs abcès métastatiques.

II. Contraction vasculaire.

Les glandes sécrètent durant la dilatation vasculaire, et leur sécrétion cesse dès que les muscles des vaisseaux se contractent. Cependant, il en est une (le rein) dont la fonction sécrétante ne subit aucune interruption, et dont on constate toujours la coloration rutilante des veines. Une excitation venue du dehors ou partie d'un point quelconque de l'organisme, peut donner lieu à la contraction vasculaire d'un rein, et amener ainsi la suppression momentanée ou durable de sa sécrétion. Le plus souvent l'autre rein supplée celui qui ne fonctionne pas. Mais aussi il peut arriver que l'impression douloureuse refléchie sur les centres nerveux amène la contraction des vaisseaux du second rein ; dans ce cas, l'action réflexe a lieu entre des parties homologues, comme dans l'expérience de Brown-Séquard sur la contracture vasculaire des mains. Le résultat de cette contraction des vaisseaux des reins est la suppression complète de leur sécrétion ; on a beau pratiquer le cathétérisme : la vessie étant vide, la sonde ne pourra pas donner passage à l'urine qui ne s'y trouve pas.

Ainsi, un goutteux arrêtera le dépôt de la matière tophacée ; une excitation partira du point où s'effectuait ce dépôt, et sera réfléchie sur les vaisseaux du rein ; elle causera ainsi une contracture vasculaire de cet organe et la suppression de l'urine. A son tour, une impression partie du rein amènera par action réflexe l'établissement d'une sécrétion supplémentaire dans un autre organe (l'intestin ou le poumon).

[1] G. Sée, *loc. cit.*, pag. 15.

Vers la fin de l'année 1869, mon père, avec les Drs Bouisson et Vailhé, observa un cas de ce genre. L'accès de goutte fut arrêté dans sa production par le malade, l'anurie survint bientôt après ; le cathétérisme, pratiqué avec la plus grande facilité et à plusieurs reprises, ne révéla aucune trace d'urine dans la vessie. Huit jours après l'apparition de l'anurie, une sécrétion abondante s'établit dans les bronches et leurs ramifications, et le malade mourut bien vite asphyxié par le liquide sécrété.

Le Dr Sabatier (de Béziers) a bien voulu nous communiquer deux cas d'anurie qu'il a observés dans sa clientèle. L'un de ses malades a éprouvé deux atteintes d'anurie et a succombé dans la seconde. L'autre a survécu à quatre atteintes ; la première a duré quatre jours, la seconde six jours, la troisième quarante-huit heures, et la dernière dix-huit jours.

Les accès d'épilepsie sont souvent précédés d'une excitation extérieure, et dans ce cas-là, comme on le voit dans les annales de la médecine, on est assez heureux pour prévenir l'accès ou l'arrêter dans sa naissance par l'application d'une ligature, d'une compression sur le trajet de l'aura ; Brown-Séquard, en montrant, dans ses expériences sur les animaux, les parties de la moelle épinière dont la lésion donne lieu à la production de l'épilepsie, désigne également les parties de la peau d'où part l'aura : « 1° c'est du côté seulement de la lésion unilatérale de la moelle épinière, que certaines portions de la peau acquièrent la faculté de causer une attaque d'épilepsie lorsqu'on les irrite ; 2° ces portions de peau sont celles d'une partie de la face et du cou ; 3° les nerfs qui se rendent à ces portions de la peau viennent du trijumeau et de la seconde et de la troisième paires rachidiennes [1]. »

Dans cette maladie, on trouve réunies les convulsions réflexes à la contracture vasculaire : « la théorie si séduisante de Schrœder van der Kolk sur l'enchaînement des phénomènes de l'épilepsie explique, entre autres par l'anémie subite du cerveau, ce cri caractéristique qui accompagne les

[1] Brown-Séquard ; Nouvelles recherches sur l'épilepsie due à certaines lésions de la moelle épinière chez les cobayes (cochons d'Inde) ; in Archives de physiologie normale et pathologique, publiées par Brown-Séquard, Charcot et Vulpian, 2e année, mars-avril 1869.

premiers symptômes de l'attaque, la résolution générale et la pâleur de la face[1].»

On ne doit pas confondre l'épilepsie avec les accès dits épileptiformes dus à la présence d'entozoaires dans l'intestin, de corps étrangers dans différentes parties du corps, etc.; dans ce cas, les accès sont des actions réflexes dont la sensation (l'aura) est fournie par les vers intestinaux, par les corps étrangers, et qui disparaissent avec la cause du mal.

Les phénomènes qui se passent à la suite de la contracture vasculaire réflexe sont analogues à ceux que produit la ligature d'une artère : on trouve la sensibilité exagérée, puis émoussée, la contractilité perdue, la température abaissée, en un mot tous les symptômes d'une anémie locale, tous les faits qui résultent de l'insuffisance de nutrition. Si la contracture persiste, la gangrène se déclarera : car la mort des tissus est le résultat forcé de la suppression des éléments nécessaires à la nutrition. On verra se reproduire les mêmes faits si l'on agit sur un membre ou sur un organe quelconque; par exemple, le cerveau ou la moelle épinière.

Ainsi, la cataracte se produira dans certains cas par arrêt de nutrition du cristallin à la suite d'action réflexe vasculaire dont le point de départ sera une lésion du nerf frontal.

Une douleur névralgique occasionnera également la paralysie de certains muscles par la contracture des vaisseaux.

Une impression douloureuse partant d'un organe enflammé (intestins, reins, poumons, etc.) donnera souvent lieu à la contraction réflexe des vaisseaux de la moelle ou de l'encéphale, et par suite à une paralysie qu'on appelle alors *paralysie réflexe*.

Comme on le voit, cette forme de paralysie diffère des autres formes par son origine ; elle en diffère encore par la rapidité de sa guérison, car elle disparaît souvent en même temps que la maladie primitive qui lui a donné naissance.

[1] E. Bertin, *loc. cit.*, pag. 253.

Voici ses caractères : « 1° une excitation provenant de quelque nerf sensitif existe avant l'apparition de la paralysie réflexe ; 2° les variations dans l'intensité de cette excitation transmise à la moelle sont souvent suivies de variations correspondantes dans le degré de la paralysie réflexe ; 3° quand cette excitation périphérique disparaît complètement, la paralysie réflexe disparaît aussi quelquefois complètement et même dans un temps très-court ; 4° les divers modes de traitement des paralysies n'ont ordinairement aucun succès dans le cas de paralysie réflexe, tant que persiste cette excitation ; 5° l'examen nécroscopique dans des cas de paralysie réflexe a montré jusqu'ici que cette affection ne dépend pas d'une altération organique marquée [1]. »

Les cas de paraplégie réflexe chez la femme à la suite d'une maladie de l'utérus sont nombreux ; Lisfranc, le docteur Nonat, Romberg, Wolf (de Bonn), Brown-Séquard, en citent plusieurs cas dont la guérison suivit de près celle de la matrice.

L'impression du froid est aussi une cause de paralysie réflexe. Moore (de Dublin), Graves, rapportent chacun une observation de paraplégie réflexe due à cette cause. Mon père a observé dans sa pratique deux cas d'hémiplégie faciale qui reconnaissent la même origine : durant l'hiver 1868-1869, dont une certaine période fut assez rigoureuse, mon père fut successivement appelé à donner ses soins à deux personnes qui, s'étant exposées à un vif courant d'air, avaient été frappées de paralysie de la moitié de la face ; l'une avait le côté droit du visage affecté, l'autre le côté gauche. Ces deux paralysies cédèrent rapidement au traitement qui fut institué.

La paralysie saturnine qui attaque les peintres, les ouvriers plombiers, n'est pas due à un effet toxique, mais à une impression des nerfs sensitifs intestinaux qui provoque la contracture des vaisseaux de la moelle épinière : c'est tout simplement une paralysie réflexe.

---

[1] Brown-Séquard ; traduction de Gordon, pag. 80.

§ III. **De l'électricité comme moyen thérapeutique.**

Dans les paralysies réflexes, on remarque souvent l'atrophie et même la dégénérescence graisseuse des nerfs et des muscles : à l'autopsie on trouve le sarcolemme et le périnèvre remplis de granulations graisseuses ; les fibres musculaires, le cylinder axis ont disparu. Il serait utile, dans ces paralysies, d'user de la galvanisation. Le Dr Duchenne (de Boulogne) préconise beaucoup ce mode de traitement ; il en a obtenu de bons résultats dans sa pratique. Après avoir démontré que le galvanisme peut remplacer complètement l'action nerveuse, soit pour maintenir, soit pour rétablir la nutrition des muscles, Brown–Séquard croit « qu'il serait important, dans beaucoup d'hémiplégies et d'autres paralysies, de maintenir les muscles à l'état normal par des galvanisations fréquentes, non pas pour combattre la cause de la paralysie , mais pour que les muscles demeurassent prêts à obéir à l'innervation motrice le jour où celle-ci viendrait à se rétablir[1]. » Une règle importante dans l'emploi de cet agent est « de ne pas prolonger outre mesure les séances et de ne pas faire agir des courants trop forts : car on sait que l'excitabitité d'un nerf est amoindrie et abolie autant par une excitation trop énergique que par un repos trop prolongé[2]. »

MOYENS THÉRAPEUTIQUES CONTRE LA DILATATION ET LA CONTRACTION VASCULAIRES.

De l'étude de ces différents faits il résulte que les maladies de la moelle peuvent être divisées en deux grandes classes : dans la première, la dilatation vasculaire entraîne une augmentation de la quantité de sang, et par suite des congestions, des inflammations ; la seconde, causée par une contraction vasculaire, présente toutes les lésions de l'anémie locale. Aussi

---

[1] Brown-Séquard ; Recherches sur l'irritabilité musculaire ; Journal de la physiologie, etc., pag. 81. 1859.

[2] Niemeyer, *loc. cit.*, tom. **I**, pag. 313.

Brown-Séquard [1] a-t-il basé sur cette division et sur ses expériences un traitement qui consiste à se servir, suivant le cas, des agents propres à augmenter ou à diminner la quantité du sang dans les vaisseaux de la moelle.

Il conseille l'usage de la strychnine toutes les fois qu'il s'agit de combattre la contracture vasculaire, c'est-à-dire d'accroître l'afflux du sang. La belladone et l'ergot de seigle lui paraissent préférables contre la dilatation vasculaire ; ces agents thérapeutiques, jouissant de la propriété de provoquer les contractions des vaisseaux, doivent être employés contre les congestions et les inflammations de la moelle.

§ VI. De l'œsthésiomètre.

Il nous reste à dire quelques mots d'un instrument imaginé en 1849 par Brown-Séquard pour mesurer l'état de la sensibilité. Cet instrument, appelé *œsthésiomètre,* employé par quelques praticiens, est resté inconnu pour le plus grand nombre : c'est un compas d'épaisseur dont les pointes sont très-effilées et dont l'échelle est graduée en centimètres et en millimètres avec le plus grand soin. Dans les paralysies de la sensibilité, l'œsthésiomètre est très-utile pour juger des progrès de la maladie en bien ou en mal ; il sert aussi à mesurer les degrés de l'hyperesthésie. Voici sur quel principe il est basé : «On sait que lorsque deux pointes sont rapprochées l'une de l'autre et *en deçà d'une certaine limite,* l'individu sur lequel l'expérience se fait n'en sent qu'une ; tandis que lorsque les deux pointes sont plus éloignées l'une de l'autre et *au-delà d'une certaine limite,* elles sont toutes deux senties. Cette limite, en deçà de laquelle une pointe seule est sentie bien qu'il y en ait deux, et au-delà de laquelle les deux pointes sont senties, — cette limite varie énormément pour les diverses parties de la peau, ainsi que Weber et vingt autres expérimentateurs l'ont constaté ; mais elle ne varie que très-peu pour une même partie de la peau chez différents individus à l'état de santé, et de plus elle est la même ou à bien peu près pour

---

[1] Brown-Séquard ; traduction de Gordon, 2e, 3e et 4e leçons.

les parties homologues de droite et de gauche[1]. » Aussi croyons-nous utile
de faire connaître le tableau suivant emprunté aux leçons du professeur
Rouget de l'hiver 1867-1868.

DISTANCES DE L'ÉCARTEMENT DES DEUX POINTES POUR DEUX SENSATIONS
DISTINCTES.

	Millimètres.
Pointe de la langue......................	1,1
Face palmaire de la 3ᵉ phalange..............	2,2
Bord rouge des lèvres........................	} 4
Face palmaire de la 2ᵉ phalange.............	
Paume de la main...........................	6
Dos de la langue...........................	} 8
Peau des lèvres............................	
Face plantaire de la 3ᵉ phalange du gros orteil	} 11
Peau des paupières.........................	
Plante du pied.............................	} 15,4
Face dorsale des doigts....................	
Gencives..................................	19
Peau du front.............................	} 22
Peau du talon.............................	
Cou, occiput..............................	30
Avant-bras, jambe.........................	39
Sternum, poitrine.........................	44
Cou, bras, cuisse, hanche.................	35 à 66

Il est évident que les distances fixées dans ce tableau ne sont pas abso-
lues, qu'elles ne sont que relatives ; il est facile de constater qu'elles présentent de légères différences d'un individu à un autre. Aussi, quand on
veut mesurer l'état de la sensibilité d'une partie malade, nous croyons bon
d'examiner la partie homologue : le résultat que donnera la comparaison
des chiffres obtenus sera plus certain.

Pour bien comprendre tout ce qu'on peut attendre de l'œsthésiomètre,
il faut connaître les différents modes de terminaison des nerfs cutanés :

---

[1] Brown-Séquard ; Sur la sensibilité tactile et sur un moyen de la mesurer dans l'anesthésie
et l'hyperesthésie ; Journal de la physiologie, etc., pag. 344. 1858.

sans cette notion, on tomberait dans l'erreur de Meissner, qui faisait dépendre des corpuscules du tact les sensations d'une ou de deux pointes ; ou bien l'on imiterait Weber, qui supposait la peau divisée en zones de sensations. On peut objecter au premier qu'il faudrait que les corpuscules du tact fussent répandus en très-grand nombre dans la peau, pour qu'à une distance de 1 à 2 millimètres on pût percevoir deux sensations distinctes ; et au second, que quand on toucherait les limites de deux zones avec deux pointes, on aurait des sensations bien plus vives et bien plus rapprochées que dans les zones elles-mêmes.

L'examen anatomique et microscopique montre que la sensation de deux pointes est perçue par les corpuscules du tact, et par un mode spécial de terminaison des nerfs cutanés. Le corpuscule du tact est formé par un nerf enroulé sur lui-même comme un peloton de ficelle dépourvu de sa moelle et n'ayant plus que le cylinder axis et la gaîne de Schwann ; il diffère de celui de Pacini, qui consiste dans un cylinder axis très-mince et renflé à son extrémité, enfermé dans sa gaîne de Schwann hypertrophiée, et qui en un mot est un vrai névrome. Mais les corpuscules du tact ne se trouvent pas dans toutes les parties du corps.

Les nerfs cutanés présentent en outre des terminaisons d'une délicatesse et d'une ténuité telles, qu'on peut seulement les observer chez l'animal vivant ; jusqu'à aujourd'hui ces observations n'ont pu être faites que sur des animaux inférieurs. On a constaté que ces nerfs forment dans les couches profondes de la peau de véritables réseaux identiques à ceux que Kölliker et Max Schültze ont vus dans les terminaisons de l'appareil électrique de la torpille. Un filet nerveux, arrivé à un certain point dans la peau, se sépare en plusieurs ramuscules ; chacun d'eux se divise à son tour en d'autres plus déliés : on a ainsi successivement plusieurs divisions terminales qui par leurs anastomoses forment des réseaux analogues à ceux des capillaires sanguins ; au bout d'un certain nombre de ces divisions, les petits filets nerveux ne sont plus composés que du cylinder axis et d'une membrane portant les noyaux de nutrition qui se trouvent généralement aux angles du réseau.

En étudiant la terminaison des nerfs dans les membranes cutanées de la

queue des têtards de grenouille, le professeur Rouget a vu « les tubes nerveux à double contour perdre leur enveloppe médullaire, et se ramifier en
fibres pâles et fines, en cylinder axis nus qui forment par leurs anastomoses
un réseau à larges mailles déjà vu par d'autres observateurs, réseau d'où
se détachent des filaments très-grêles qui semblent se terminer par des
extrémités libres et effilées.... Mais une observation plus attentive lui a
démontré que, loin de se terminer ainsi en pointes fines et libres, ces ramifications ultimes du cylinder axis, devenues de plus en plus grêles et
pâles, se divisent à l'infini dans un réseau à fines mailles ayant à peine un
millième de millimètre de diamètre qui constitue une *dentelle nerveuse* intermédiaire à la surface du derme, et à la couche la plus profonde des cel-
lules de l'épiderme. Dans cette lame nerveuse commune viennent s'épanouir
toutes les divisions terminales des nerfs cutanés [1].»

L'indication de ce mode de terminaison a un grand intérêt : car elle con-
corde avec tous les phénomènes de la sensibilité cutanée, résultat que la
connaissance seule des corpuscules du tact est bien loin d'atteindre.

---

[1] Ch. Rouget; Note sur la terminaison des nerfs dans les corpuscules de Pacini, dans les
organes électriques et dans la peau; Bulletins de l'Académie impériale de médecine, tom.
XXXI, pag. 807, années 1865-1866.

FIN.

TABLE DES MATIÈRES.